现代家庭教育理论与方法丛书

教育部人文社会科学研究规划基金项目"阿德勒家庭教育理论
（项目批准号:21YJA880028）

发现孩子行为
背后的秘密

白 晓 何晓娜 于 浩◎著

北京师范大学出版集团
BEIJING NORMAL UNIVERSITY PUBLISHING GROUP
北京师范大学出版社

图书在版编目(CIP)数据

发现孩子行为背后的秘密 / 白晓，何晓娜，于浩著.
— 北京：北京师范大学出版社，2024.12
（现代家庭教育理论与方法丛书）
ISBN 978-7-303-29812-9

Ⅰ.①发… Ⅱ.①白… ②何… ③于… Ⅲ.①家庭教
育 Ⅳ.①G78

中国国家版本馆 CIP 数据核字(2024)第 034722 号

图书意见反馈：gaozhifk@bnupg.com 010-58805079
营销中心电话：010-58802755 58800035
编辑部电话：010-58807662

FAXIAN HAIZI XINGWEI BEIHOU DE MIMI

出版发行：	北京师范大学出版社　www.bnupg.com
	北京市西城区新街口外大街 12-3 号
	邮政编码：100088
印　　刷：	唐山玺诚印务有限公司
经　　销：	全国新华书店
开　　本：	710 mm×1000 mm　1/16
印　　张：	10.25
字　　数：	135 千字
版　　次：	2024 年 12 月第 1 版
印　　次：	2024 年 12 月第 1 次印刷
定　　价：	32.00 元

策划编辑：杜永生　张丽娟　　责任编辑：郭凌云
美术编辑：李向昕　　　　　　装帧设计：李向昕
责任校对：王　佳　　　　　　责任印制：赵　龙

近年来，国家对家庭教育非常重视，出台了一系列积极的政策和措施。《中华人民共和国家庭教育促进法》的正式实施，明确了家庭教育的责任。《关于进一步减轻义务教育阶段学生作业负担和校外培训负担的意见》的出台和落地执行，让家长在孩子成长过程中的作用日益凸显。《关于指导推进家庭教育的五年规划（2021—2025 年）》进一步指导、推进了家庭教育的高质量发展。

北京师范大学教育培训中心作为教师培训的主要阵地之一，在协助学校推动家庭教育的普及和宣传上有着不可推卸的重要责任和义务。我们在研究了大量学术成果后，发现阿德勒的家庭教育思想对现代家庭教育有着非常重要的指导作用。阿德勒是奥地利著名的心理学家，他的个体心理学对家庭教育产生了深远的影响。他强调早期家庭教育的重要性，倡导理解和尊重孩子的个性。同时，阿德勒非常重视家庭和学校、家长和教师在儿童教育方面的互补与合作。为了方便广大教师和家长系统学习阿德勒的观点和理念，本丛书试图对阿德勒家庭教育理论进行系统梳理，并结合家庭教育的实际应用案例进行阐述，以期为教师和家长提供一套可读性强、深入浅出的读物。

本套丛书也是北京师范大学李兴洲教授主持的教育部人文社会科学研

究规划基金项目"阿德勒家庭教育理论及应用模式研究"（项目批准号：21YJA880028）课题的研究成果，主要从家庭教育原理、家庭教育心理学和家庭教育方法论三个不同方面梳理阿德勒家庭教育的理念与实践，以期为深入践行习近平总书记关于注重家庭家教家风建设的重要论述精神，加强家庭教育内涵建设，完善家校共育实践模式贡献绵薄之力。

在丛书编写过程中，许多专家学者和同行以其深厚的学术造诣和丰富的实践经验，为丛书的撰写提供了宝贵的指导和建议，更以无私的奉献精神和开放的合作态度，为我们搭建了一个交流与学习的平台；同时，许多研究者的研究成果也为丛书的编写提供了有益的参考和启发，对此一并深表谢意！

我们深知，家庭教育任重而道远，需要我们不断探索和实践。我们将以更加饱满的热情和更加扎实的步伐，继续在家庭教育的研究与实践中前行，为推动我国家庭教育事业的发展贡献自己的力量。

北京师范大学教育培训中心丛书编委会

2024 年 9 月 6 日

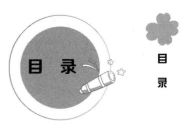

目 录

第一章　问题行为概述 …………………………………………… 1

　第一节　行为和问题行为的定义、特征 ………………………… 1

　第二节　问题行为的分类与表现 ………………………………… 8

第二章　问题行为产生的心理机制 ……………………………… 18

　第一节　阿德勒的个体心理学 ………………………………… 18

　第二节　萨提亚学派的冰山理论 ……………………………… 24

　第三节　马斯洛的需求层次理论 ……………………………… 30

第三章　问题行为的目标和 4 个关键 C 方法 ………………… 38

　第一节　问题行为的目标 ……………………………………… 38

　第二节　4 个关键 C 方法 ……………………………………… 55

第四章　功能性行为评估方法 …………………………………… 65

　第一节　功能性行为评估理论 ………………………………… 65

　第二节　功能性行为评估的应用案例 ………………………… 76

第五章　预防问题行为的策略之一——提高家长自身修养 …… 81

　第一节　控制情绪 ……………………………………………… 81

　第二节　关注和满足自身需求 ………………………………… 88

　第三节　4 个关键 C 方法的应用——支持孩子的游戏与活动 …… 94

第六章　预防问题行为的策略之二——权威型教养方式 ……………… 102

　第一节　采用既有关爱又有规则的权威型教养方式 ……………… 102

　第二节　表达关爱 ………………………………………………… 109

　第三节　传达规则 ………………………………………………… 115

第七章　预防问题行为的策略之三——和孩子沟通的技巧 ……… 122

　第一节　倾　听 …………………………………………………… 122

　第二节　鼓　励 …………………………………………………… 133

　第三节　防止贴标签 ……………………………………………… 141

参考文献 ………………………………………………………………… 150

第一章　问题行为概述

第一节　行为和问题行为的定义、特征

案例 1　不专心的小明

在一所幼儿园中，老师正带着小朋友们一起唱儿歌。小朋友们都很认真，只有小明总是晃来晃去，一会儿戳一下左边的小朋友，一会儿掐一下右边的小朋友，引得周围的小朋友连连跟老师告状。3 分钟的一首儿歌唱完，小明碰了 4 次身边的小朋友。老师批评了小明后，小明便安静了一会儿，但过不了多久又乱动了起来。

案例 2　美术课上的"战斗"

一节小学的美术课上，同学们正在以"我的自画像"为主题画画。小李的同桌凑过来看了一眼他的画像，说："真丑，跟你一样丑。"小李打了同桌一巴掌，同桌踢了他一脚来回击，两个人很快便扭打在了一起。他们扭打了 2 分钟，直到老师赶来制止才停止。

案例 3　使用手机引发的家庭大战

张女士是一位高二学生的家长。她发现自己的孩子最近总是无精打采，学习的时候也非常不专心，每天的作业都要很久才能做完。一天半夜起夜时，她发现孩子的卧室传来了微弱的光——孩子藏在被窝中偷偷地看手机。她非常生气，一怒之下打了孩子，砸掉了手机，孩子也非常生气，与她大吼争执，重重摔门而出，一场家庭大战随之引发。

读以上案例的时候，你是否有熟悉的感觉？相信你一定在生活中见过或听说过类似的事情。这些发生在儿童和青少年身上、让教师和家长头疼不已的不良行为，在心理学上其实有一个专有名词——问题行为。那究竟什么是问题行为呢？为了回答这一问题，我们先要了解什么是行为。

一、行为的概念和特征

(一)行为的概念

行为在心理学中是非常重要的概念。人们的思想往往会以行为为媒介被表达出来，在行为主义流派中，行为更是成了研究的主题。行为主义的重要创始人斯金纳(Skinner，B. F.)提出，行为是可以观察和测量的、由(部分)生物器官引起的动作。后续，约翰斯顿和彭尼帕克(Johnston & Pennypacker)提出行为是有机体在空间上进行移动导致的可以测量的变化。这两种定义都认为行为是外在的、可观察和可测量的。生活中，我们提及行为时往往指的也是一些可以直接观察的外部行动，如我们的语言与动作。

随着认知主义流派、认知行为主义流派的诞生，研究者对上述行为的定义进行了补充，认为行为除了包括可观察、可测量的外部动作表现外，还包括内部的心理过程（如认知、情感等）。在本书中，我们采取较为详尽的定义，认为行为包括"可直接观察的外部行为表现"与"不可直接观察的内部心理过程"两部分。

(二)行为的特征

美国学者米尔腾伯格（Miltenberger，R.G.）对行为的特征进行了总结，认为其共包含以下6个方面。

1. 行为是人们所做的和所说的

行为不仅包括具体行动，也包括言语表达，二者共同构成行为可以直接观察的部分。关于具体行动，我们可以观察到行动的发出者、作用对象、发生的频率等信息；关于言语表达，除了说出来的语言和写出来的文字，我们还可以获得关于语气、语调等额外的信息。

2. 行为不止有一个维度

我们在描述行为时，往往可以从多个维度展开，其中行为的频率、持续时间、强度是三种最常用的维度。行为的频率指的是行为在某段时间内发生的次数，案例1中的小明在一首3分钟的儿歌内碰了4次身边的小朋友，这便描述了小明"碰小朋友"这一行为发生的频率；持续时间指行为从发生到终止所经过的时间，案例2中的小李与同桌扭打了2分钟便被赶来的教师制止，此处的2分钟就是行为持续的时间；行为强度指行为的激烈程度，案例3中的张女士的孩子"大吼""重重摔门而出"，这都是对其行为强烈程度的描述。

3. 行为会对外界环境产生影响

由于行为包含时间运动与空间运动，常常会对环境产生影响，包括对自然环境与社会环境的影响。例如，幼儿园内的剪纸课上，有小朋友不认真剪纸，将自己的纸剪碎并扬到周围小朋友的身上。这样的行为不但会使教室变得脏乱（即对自然环境产生影响），也会干扰周围小朋友的活动，分散教师的精力，进而影响课堂的进程（即对社会环境产生影响）。

4. 行为是有其出现规律的

行为主义指出，行为的出现、维持均与环境中的线索及行为所带来的结果有密不可分的关系。例如，孩子出现使用手机过度的行为可能是受到家长使用手机的影响（即环境中的线索），而使用手机后带来的愉悦情绪、与朋友更多的话题等（即行为带来的结果）也在起着强化的作用，使得使用手机这一行为持续出现。可见，行为与环境往往存在着相互影响的关系。因此，我们可以通过仔细观察、分析找到行为出现的规律及其影响因素，进而对行为进行干预来达到改变行为的目的。

5. 行为可以是外显的或内隐的

正如在"行为的概念"中所说，行为不仅包含可以观察的外部行为表现，还包括内在的心理过程。外部行为表现往往是公开的、他人可以观察到的，是外显的；但内在的心理过程则无法观察，只有行为人自己能够体验到这一过程，是内隐的。

6. 行为是可以被观察、描述和记录的

外显的行为常常是容易被观察的，无论是自己，还是他人都可以进行观察、描述和记录。但内隐的行为，或者说心理过程，只能由行为人自己观察、描述和记录，往往是通过自我报告才能让他人了解行为人的心理活动与心理过程。

 思考一下：

前文中的 3 个案例体现了行为的哪些特征？你还能举出生活中的哪些例子体现行为的 6 个方面特征？

二、问题行为的概念和特征

(一)问题行为的概念

顾名思义，问题行为指的就是有问题的、反常的行为。目前在学界中尚未形成对问题行为的统一定义，但许多研究者都从问题行为的表现及其所引发的后果来描述问题行为的概念。例如，从表现方面看，问题行为指的是个体在身心发展过程中所呈现的严重程度和持续时间均超出实际年龄正常情况所允许范围的异常行为；从引发的后果方面看，有研究者指出问题行为指不健康的、非建设性的，甚至对生命构成威胁的行为。

孩子的问题行为往往不会局限于某一单一的环境，由于个人行为表现无法顺利适应多变的环境，一些孩子无论在家庭、学校，还是在社会，都可能存在无法适应的问题，进而发生生理上或者精神上的困扰。例如，儿童和青少年遭受困扰和挫折后，如果冲突超过容忍的限度，就会产生严重不安或焦虑，采取防御机制，进而可能形成不良适应，产生问题行为，严重时可能发展成反社会行为。[①] 产生了问题行为的儿童和青少年常常表现为不能够正常参与人际互动、娱乐、学业活动等，并存在一定不良的社会行为和负性的情绪表现。

从上述对问题行为的不同观点来看，虽然不同的学者对问题行为有不同的定义，但他们表达的内容大致相同，主要指那些偏离常态，给自己或他人的身体、生活、学习、工作中的一个或多个方面带来危害甚至危险的行为。近年来，越来越多的学者认为"问题行为"这样的术语具有一定的歧视性，开始改用"挑战性行为"这一术语，意指问题行为的出现是由于个体遇到了挑战，且没有足够的能力应对这些挑战。为了方便描述，在本书中

---

① 肖婕婷. 父母教养方式与子女问题行为：自我表露的中介效应[J]. 中小学心理健康教育，2017(1)：4-6，9.

我们沿用"问题行为"这一术语，且采取一个较为广泛的定义，认为从较轻的不健康饮食、缺乏运动，到严重的暴力行为、有害的成瘾行为等都属于问题行为的范畴。

(二)问题行为的特征

问题行为作为行为的一种，也符合行为的特征，因此常常是可变的、受外界影响的、内隐性与外显性共存的。问题行为可以是言语的，如口吃、攻击性语言；也可以是动作的，如攻击行为、饮酒行为等。行为的多维度特征同样适用于问题行为，问题行为出现的频率、持续时间、强度可以作为评估问题行为严重程度的指标。

除了拥有行为的主要特征外，问题行为也有一些独特特征。

1. 反常性

问题行为中的"问题"指的是与正常发展中的行为表现相悖。我们期待孩子能够待人友善，与同伴友好相处，情绪健康，但有时孩子会脱离这些正常的发展轨道，出现一定的问题，如攻击他人、害怕与别人交往(社会退缩)、抑郁、焦虑等。然而，问题行为与正常行为之间却没有一条客观、明确的界线。更多情况下，一个行为是否可以被称为问题行为，是我们通过主观判断的。

✎ 辨析：问题行为与正常行为

问题行为和正常行为之间没有一条明确的边界线。事实上，问题行为很多时候都是相较正常行为表现过多、过少，或是出现在不匹配的环境下的行为。注意缺陷多动障碍(即我们常说的"多动症")的孩子常常难以集中注意力于同一件事情，很容易受到其他事情的吸引而转移注意力。受新奇事物的吸引而进行注意转移的情况本身是非常正常的，这种现象在成年人中都常有发生，更不必说自我控制的脑区还没有发育完全的孩子了。但一旦过于频繁地被新异事物吸引、能集中精力的时间过于有限，便成了一种问题行为，这便是相较正常行为过多（被新异事物吸引过多）与过少（专注行为过少、过短）的体现。类似地，产生快乐、愤怒等不同的情绪本身也是十分正常的，但当这些情绪出现在不恰当的情境下，例如，在亲人离世时感到快乐，笑出了声，或是在平常的聊天中感到愤怒，与同伴打架，便成了问题行为。

2. 持续性

问题行为并非由某一次冲动引起的瞬时性的行为，而是在一段时间里持续出现，对儿童青少年的日常生活产生持续的影响，给儿童青少年带来持续的困扰。例如，如果因为某一次考试没有发挥好而感受到难过、心情低落、提不起精神，在朋友、家长、教师的帮助下这些消极的情绪有所缓解，很快就能重拾信心认真准备下次考试，这些消极的情绪就不构成问题行为。然而，如果这些消极的情绪持续了一至两周或更长的时间，在这一段时间内都无法对其他事情提起兴趣，甚至影响了日常生活，如吃饭、睡觉、同伴交往等方面，便构成了问题行为（即抑郁，属于一种内化问题行为）。

3. 受先天和后天因素的共同影响

一些问题行为可能是由于先天遗传而与生俱来的。例如，研究者发现孤独症主要是由遗传因素决定的，暴力行为也与遗传因素有一定的关系。同时，后天环境也对问题行为有着重要的影响。根据社会学习理论，孩子常常会学习周围权威人物的行为（如家长、教师），进而习得类似的行为。在充满暴力的环境下长大的孩子也自然而然更可能出现问题行为；家长存在过度使用手机问题，他们的孩子也更可能出现手机成瘾的问题。

先天与后天因素也会相互作用，共同对问题行为的产生造成影响。美国心理学家布朗芬布伦纳（Bronfenbrenner）提出的生物生态学理论表明，基因与环境会相互作用来对个体产生影响，某种基因可能会使个体更容易接触某种环境，而在这种环境下又强化了这种基因带来的特质。

4. 对儿童青少年的发展具有负面作用

我们常说问题行为对儿童青少年的发展有很大的影响，这种影响不但包含问题行为本身对他们的负面作用，还包含问题行为对他们的生活、学习、交友等方方面面的影响。以攻击行为为例，攻击他人不但可能引发打斗而对孩子自己的身体造成伤害，而且会在很大程度上影响其在课堂上的表现、与其他孩子的关系等方面，最终使孩子的身心多方面受损。如果孩子患有抑郁等内化问题行为亦是如此，不但会使孩子情绪低落、增加自伤等风险，更会引发孩子对与同伴交往、进行学业、运动等多方面动机的丧失，严重影响到其社交、学业、身体健康等方面。因此，问题行为对儿童青少年发展有严重的阻碍作用，应当尽早发现、尽早干预。

第二节　问题行为的分类与表现

一、问题行为的分类

研究者在问题行为界定方面存在理解上的分歧，在对问题行为分类方面也难免存在差异，下面根据分类依据对主要的问题行为分类方式及其具体行为表现进行介绍。需要强调的是，问题行为的表现方式具有多样性、复杂性，很有可能出现一些具体的行为方式不能归入某一类别的情况，换句话说，目前尚无任何一种分类能够涵盖孩子所有的问题行为。

(一)按行为指向(倾向)分类

1. 扰乱性问题行为和心理性问题行为

20 世纪 20 年代，美国心理学家威克曼（Wickman，E. K.）在"学生的行为和教师的态度"这一研究中把问题行为分为两类，分别是扰乱性问题行为和心理性问题行为。扰乱性问题行为包括破坏课堂氛围、违反纪律和道德规范、干扰他人学习等；心理性问题行为包括退缩、抑郁、心理敏感、思维不稳定、神经过敏等。这种两分法产生了较长远、广泛的影响，此后，许多心理学家受该种分类的影响，将问题行为分为品行性和性格性两类。①

英国心理学家拉特（Rutter，M.）把问题行为分为两种类型。其中一类叫 A 行为（Antisocial Behavior），也就是违纪行为或反社会行为，包括毁坏自己或他人的物品、不听管教、撒谎、欺负弱小、偷东西等；另一种叫 N 行为（Neurotic Behavior），即神经症的行为，包括身体方面的肚子痛、呕吐，情绪方面的烦恼、害怕新事物、睡眠障碍、拒绝上学等。

2. 内化问题行为和外化问题行为

美国心理学家阿肯巴克（Achenbach，T. M.）将问题行为分为内化问题行为和外化问题行为。其中，内化问题行为包含焦虑/抑郁、退缩、躯体化、思维问题、睡眠问题、社交问题六个维度，外化问题行为包含违纪和攻击两个维度。继阿肯巴克之后，国外相关问题行为的研究多沿用他的分类。

孙煜明认为问题行为属于需要进行教育和矫正的范围，应与犯罪行为、变态行为相区别。他从儿童行为表现的倾向方面进行分类，也把问题行为分为外向性的和内向性的。外向性即攻击型，表现为行为鲁莽暴躁，

---

① 孙煜明. 试谈儿童的问题行为[J]. 南京师大学报（社会科学版）. 1982（04）：13-18.

情绪过于活跃，扰乱课堂活动，人际交往不和谐等，严重的还有欺骗、逃学、偷窃等行为。外向性的问题行为会扰乱他人，具有捣乱性和破坏性，常常惹麻烦，容易引起家长和教师的厌烦。内向性即退缩型，具体有两种表现形式：一种是少言寡语，内向自闭，习惯处于自我舒适圈，不易发展社交关系或适应变化的环境；另一种是性格温顺，但内心敏感，焦虑不安，稍有不顺意就可能出现做噩梦或失眠等状况。内向性的问题行为表现为消极、退缩、缺乏决策力等形式，对其他个体或整个集体的干扰不明显，甚至无影响，不容易被成年人发觉和注意。但是，内向性问题行为对心理的健康发展和智能发展的危害性比外向性问题行为严重得多，往往会成为适应不良的预兆。因此，内向性问题行为更应引起重视。当然，这两种问题行为并不是截然相反的，在现实中可能集中表现于同一个个体身上。例如，对存在学习障碍的学生而言，其在外向性问题行为上可能表现出扰乱课堂纪律和上课睡觉等，在内向性问题行为上可能表现出焦虑、抑郁和注意力不集中等。

(二)按行为原因分类

我国学者左其沛等人用内部动因、外部情境、心理活动状态、个性特点、行为方式、行为后果、自我评价及体验性程度七项指标，把问题行为分成四种类型：①过失型，主要指问题行为由不正当或不合理的需要或单纯由好奇、好动等心理引起，具有情境性、偶发性、盲目性，如因懒散而导致的迟到、偶发的说谎、逃课等；②品德不良型，如偷窃、破坏公物等行为，具有这类问题行为的孩子一般不认为他们的行为存在过失，对他人造成伤害以后也很少有负罪感；③压抑型，主要表现为胆怯，不喜欢表达自己的想法，不愿意与他人沟通等；④攻击型，表现为经常与他人发生争执，如顶撞教师、故意扰乱课堂活动等行为。[1] 前两者属于思想品德方面的问题行为，后两者属于心理方面的问题行为。

(三)按行为内容分类

美国心理学家奎伊(Quay，H. C.)在对问题行为进行研究后，把问题行为分为六种基本类型：①社会化攻击型行为，表现为参加不良的帮派，离家出走，逃学等；②失常型行为，表现为好吵架生事，责难他人，故意破坏财物却很少有罪恶感等；③注意力方面的问题行为，如注意的持续时间短，注意力不集中，注意力容易转移等；④焦虑、退缩型行为，表现为自卑，紧张，胆小，压抑，容易退缩等；⑤精神病行为，表现为不停地重复所说过的话，表述不符合实际的想法等；⑥多动型行为，表现为坐立不安，情绪烦躁，无法放松等。[2]

意大利心理学家坎杰洛西(Cangelosi，A.)认为常见的问题行为包括不合时宜的讲话和不合时宜的活动两类。不合时宜的讲话包括不按顺序的讲话，过多的讲话和不必要的讲话等；不合时宜的活动包含随意离开座位，搞笑行为等。

二、问题行为的表现

问题行为在不同主体、不同年龄阶段之间的表现会存在显著差异，这些差异包含问题行为的频率、程度等方面。孩子问题行为的表现形式具有鲜明的年龄特点，并且总与孩子的日常生活和主导活动联系在一起。本书以年龄分期为界，主要着眼于普通儿童群体，而非特殊/问题儿童群体，

---

① 左其沛. 关于中小学生问题行为的研究——品格研究协作组报告之二[J]. 心理学探新，1985(3)：94-101.

② Quay，H. C.. A dimensional approach to behavior disorder：The revised behavior problem checklist[J]. School Psychology Review，1983，12(3)：244-249.

对不同年龄阶段孩子问题行为的表现进行介绍。年龄分期在不同的理论体系中有着大不相同的划分方式，本书将孩子的成长分为幼儿期(1～4 岁)、儿童期(5～12 岁)和青少年期(13～18 岁)三个阶段。需要强调的是，孩子的成长阶段所涵盖的年龄范围是一个约数，具体情况需要依据个体差异确定。此外，各年龄阶段较容易产生的问题行为存在交叉现象。

对孩子问题行为表现的了解可以借助研究工具——量表来实现。量表是研究孩子问题行为的常用工具。在我国，运用较广泛的量表包括阿肯巴克儿童行为量表、Rutter 儿童行为量表、康氏儿童行为量表、问题行为早期发现测验等。

(一)不同年龄阶段问题行为的具体表现

1. 幼儿期(1～4 岁)问题行为的具体表现

根据阿肯巴克的经典分类方法，外化问题行为指的是指向外部的问题行为，内化问题行为指的是指向内部的问题行为。在幼儿期，指向外部的问题行为包括活动过程中不讲道理，抢夺别人正在玩的玩具，容易冲动和兴奋，做事有始无终，情绪变化迅速而剧烈，坐立不安、不能保持安静等；指向内部的问题行为包括对批评过分敏感，退缩、时常需要教师的鼓励，非常害怕自己犯错误，忧心忡忡，独自玩耍、不和别人交往，不能主动和小朋友合作游戏，比别人忧虑多等。研究表明，幼儿指向外部的问题行为中，最常见的是注意力不集中，多动或冲动，不遵守游戏规则等；而指向内部的问题行为主要表现为社交退缩，敏感，忧虑等。此外，幼儿期指向外部和指向内部的问题行为在发生比例上没有显著差异，且在性别方面也不存在显著差异。

2. 儿童期(5～12 岁)问题行为的具体表现

这一时期，孩子的问题行为具体表现为：尿床或尿裤子，发脾气(伴随喊叫和发怒的动作)，经常破坏自己或者别人的东西，易勃然大怒，经常烦恼，经常表现出不愉快，经常不听管教，做事拿不定主意，时常说谎，欺负别的孩子，偷东西，睡眠困难，进食不正常，到学校就哭或拒绝上学，注意力不集中，害怕新事物或新环境等。此外，该阶段问题行为表现出性别差异，即男生的外部问题行为多于女生。

3. 青少年期(13~18岁)问题行为的具体表现

处于青少年期的孩子问题行为的具体表现包括：行为幼稚与年龄不符，喜欢吹牛或自夸，注意力不能集中，过分依赖大人，坐立不安，感到寂寞，常常哭叫，常常做白日梦或呆想，毁坏自己或别人的东西，在学校里不听话，不肯好好吃饭，与其他青少年合不来，有不良行为后不会感到内疚，嫉妒别人，害怕上学，觉得没有人喜欢自己，觉得别人存心捉弄自己，经常撒谎，动作紧张以至于身体某些部分抽搐，感到过分疲劳，逃学或旷课，睡眠不好，咒骂别人或讲粗话，离家出走等。①

(二)典型问题行为的具体表现

1. 社会退缩行为

社会退缩行为指孩子在陌生或熟悉的社会环境中表现出的独自游戏、消磨时光的孤独行为。② 它可分为三个类型：①主动退缩型，指对社会交往和社会活动不感兴趣，主动离开同伴选择独处，沉浸于自己的活动中，表现为独自玩建构游戏或摆弄物品；②焦虑退缩型，他们希望和同龄人交往但又对此很恐惧，在社会性游戏的参与中常无所事事，采取旁观的态度；③被动退缩型，他们希望交往但是却不善交往或被同伴拒绝，不得不独自进行比较夸张的游戏，表现为喧闹，重复和多动的行为，夸张的假想

---

① 王润程，王孟成，高一点，等. Achenbach青少年自评量表(2001年版)中文版的信度和效度[J]. 中国临床心理学杂志，2013，21(6)：977-980.

② 郑淑杰，陈会昌，陈欣银.儿童社会退缩行为影响因素的追踪研究[J]. 心理科学，2005，28(4)：833-836.

游戏等。

社会退缩行为如若得不到改善，其负面影响会随着孩子年龄的增长而日益严重。成年后，这种孩子更易出现社交问题、低自尊问题等。

2. 攻击性行为

攻击性行为指的是存在伤害他人的意图并付诸实践，最终对他人的身体、心理、财务等方面造成损失的行为。

按照攻击的实施方式，可将攻击性行为分为三类：①身体攻击，包括扭、打、拧、砸、抓，抢夺他人物品，抢占座位空间等；②言语攻击，包括取笑，骂人，嘲讽，取外号等；③间接攻击，又称心理攻击或关系攻击，指通过第三方实施的攻击性行为，包括教唆打人，散布谣言等。[①]

按照攻击的目的，可将攻击性行为划分为工具性攻击和敌意性攻击。前者指为了获取某种物品、维护某种权利而伤害别人；后者指以破坏东西、伤害他人为目的而进行的攻击。

值得注意的是，攻击性行为常常在幼儿期就有所表现，但是该问题行为的存在时间跨度可能表现为一个较长的时间阶段。

3. 破坏性行为

如果孩子常常伴有一些具有破坏性的举动，如经常故意损坏家里、学校或邻居的物品，故意弄脏别人的衣物等，并以损坏他人财物为乐，那么孩子往往存在破坏性问题行为。这些破坏性问题行为可能是由敌对情绪引起的报复或是由不愉快情绪导致的发泄，也有可能是孩子单纯为了炫耀自己"能干"。

破坏性行为分为无意破坏和有意破坏两类。无意破坏指的是行为所带来的破坏性后果不是由破坏性动机所支配的，而是儿童处于神经发育旺盛

---

① 张文新，纪林芹，宫秀丽，等. 3～4 岁儿童攻击性行为发展的追踪研究[J]. 心理科学，2003，26(1)：49-52.

期，性情活泼、自我中心、认知缺乏等因素造成行为上的破坏性表现。有意破坏是指带有动机的主观性破坏，这种破坏带有主观目的性，往往会与其他问题行为或是情绪阻碍相联系。

4. 说谎行为

说谎是一种隐瞒事实、欺骗他人的行为。通俗地讲，就是儿童有意或无意说假话，分为无意说谎和有意说谎。无意说谎可能是儿童在形成了错误的心理知觉、实现愿望的心理期待，或是不符实际的自信心时，不自觉地说出谎言。有意说谎可能是儿童为了满足虚荣心而抬高成就、美化形象，也可能是儿童为了避免惩罚而找的借口、开脱责任，还可能是受到了成人说谎行为的负向引导。

值得注意的是，由于认识水平较低，思维能力较弱，幼儿对自我和外在环境还未形成准确认知，可能会由于不辨真伪而说谎。对此，教师和家长要注意辨别。

5. 叛逆行为

叛逆行为具体表现为拒绝听从要求与命令；反对设置规则与束缚；厌恶叮咛、告诫；乐于反其道而行之；赞赏同伴的叛逆行为；反感成年人的教导批评；做出决定后固执不听劝，撞了南墙也不回头；情绪起伏不定，脾气暴躁；等等。

6. 异性交往问题行为

中学生的异性交往一直是令学校、家庭和社会倍感困惑，而且引起误解较多的话题。交往指的是人与人之间互相往来，彼此了解，交流信息，从而建立社会联系的活动。青少年异性交往是构成其交往活动的重要组成部分，对青少年社会化发展起着关键作用。随着身心发展，青少年产生与异性交往的强烈意愿，但仍缺乏相应的心理准备和经验技巧，极易陷入心理与行为发展的困境。

异性交往的问题行为表现可以概括为以下几个方面：第一，交友观不正确，将异性朋友看作炫耀的资本，互相攀比；第二，超越友谊界限，将异性同学间的相互吸引和愉快相处错当成爱情，陷入早恋的旋涡；第三，交往方式不当，随意性交往和隐蔽性交往增多，交往对象良莠不齐；第四，择友标准不当，以"江湖义气""出手阔绰""颜值高""家境好"等为择友标准；第五，"一对一"的异性交往带来的非议，同伴、家长、教师可能对唯一的异性朋友有所揣测，让彼此交往陷入不安与混乱；第六，爱情错觉，对彼此情感形成错误判断，误以为自己处于"爱"或"被爱"的关系中，为此烦恼不已；第七，心口不一的矛盾，即青少年对异性有好感，却在不安和害羞的影响下以相反的方式表达情感；第八，拒绝与异性交往或与异性交往困难，主要是由于过往经历造成他们对异性的偏见，使他们厌恶、回避、拒绝乃至仇视异性。

7. 网络心理问题行为

随着互联网技术的迅猛发展，网络技术给社会生活的各方面带来了日新月异的变化。敏感好奇、尚缺乏足够分辨能力和批判思维的青少年更是深受其影响。网络是把"双刃剑"，互联网上形形色色、良莠不齐的信息中难免有消极、负面的内容，会影响青少年的健康成长，甚至使他们的行为和心理产生异常。在网络心理方面，青少年最典型的问题行为主要包括网络成瘾和网络孤独症。

网络成瘾是指长时间使用网络，过度依赖虚拟情境，并在心理认知和行为表现上适应不良的异常形态。美国心理学家金伯利·杨（Kimberly Young）提出诊断"网络成瘾"的十条标准，分别是：上网时思想被网络占据，下网后也总想着网上的事；总嫌上网的时间太少而不满足；无法控制用网；一旦减少用网时间便会焦躁不安；一上网就能消散各种不愉快；上网比上学更重要；为上网宁愿失去重要的人际交往等；不惜支付巨额上网费用；对亲友频频掩盖上网的行为；下网后有疏离感、失落感。上述情况中，一年内只要有四种出现，即可判断为网络成瘾。

网络孤独症是指上网者原本打算借助网络工具提升或改变自己，但上网后未能解除孤独感，反而加重了孤独感。经常上网的青少年，长时间把自己关在室内，整日和电脑、手机等电子设备打交道，与身边同辈群体之间进行交流的时间和机会大大减少。热闹多彩的虚拟世界与平静单调的现实生活对比强烈，让习惯网络氛围的青少年陷入不能自已的"现代孤独"。

第二章　问题行为产生的心理机制

　　要了解孩子问题行为相对应的解决策略，我们先要知道这些问题行为背后产生的原因和心理机制是什么，对症下药，才能找到有效解决的方案。以奥地利心理学家阿尔弗雷德·阿德勒（Alfred Adler）为代表的心理学家从不同角度阐述了孩子问题行为形成的心理机制。以下就对教育领域中有重大影响力的几个代表性的理论进行深入探讨，在此基础上，可以更深层次地思考孩子问题行为背后的原因及解决的策略。

第一节　阿德勒的个体心理学

　　阿尔弗雷德·阿德勒是个体心理学的创始人，是人本主义心理学的先驱，他的学说对现代心理学产生了深远的影响。阿德勒的心理学不是改变他人的心理学，而是在逐渐地摆脱自卑和追求卓越的过程中改变自我的心理学。教育关怀是阿德勒从事心理研究的一个动力，因为人格也是教育所关注的核心问题。他对个体人格的关注及由此形成的心理学理论，在儿童教育方面极具启发意义。因此，本节从个体心理学的理论视角探讨孩子问题行为的产生原因及科学纠正的方法。

　　阿德勒的个体心理学本义是指"每个人都是不可分割的整体"。每个人都是作为一个整体发挥作用的个体。他坚信，个体是与社会相互依赖的。

人格的"整体性"和"目的性"是个体心理学最核心的两个观点，两者密不可分。因此，整体论原则和目的论原则也就构成了阿德勒个体心理学基本的理论立场。他坚持要把理论放在实践中检验，不允许理论与实践相脱节。

一、个体心理学的三个基本原则

1. 个体具有一致性和整体性

在阿德勒个体心理学之前，绝大多数心理学派都没有关注人格的统一性，对个体发展的整体一致性缺乏重视。个体心理学认为，孩子的所有活动都不是孤立的碎片，而是其整体生活与人格的外部显露，只有整体把握孩子的生活轨迹，才能真正理解其所思所想所做，并以此为切入点帮助孩子解决问题。这也就意味着，不分青红皂白地惩罚孩子问题行为是不可取的，无法真正解决孩子的问题，只有真正走近孩子，理解孩子所面临的困难，才能对问题的解决有所助益。

2. 所有人类行为都是有目标的

只有理解个人的目标，才能理解其行为的含义。阿德勒强调，当一个孩子开始出现一些问题行为时，或者出现了令人不快的表现时，我们不仅应当注意这种行为开始出现的时间，还要注意这种行为产生的原因。很多错误的根源在于他们给自己设定的心理目标是错误的，因为目标的确定和判断密切相关，一旦涉及判断的问题，就存在犯错的可能性。而决定人们行为方向的，是人们对事实的看法，而不是事实本身。家长应该意识到，对生活经验尚且不足的孩子来说，做出错误的判断是非常正常的。孩子的问题行为往往是他们自我保护或是努力达成目标的方式，只是使用了错误的方法。这种时候，比起武断地惩罚孩子，更好的方式是了解孩子内心想要达成的目标是什么，并和他一起以正确的方式达成。

3. 所有人都是社会性的

人类活动只有在其社会意义上才能被充分理解，正是人类的这种社会性质，奠定了"归属需求"的基础。阿德勒称之为"社群情怀"（Gemeinscha-ftsgefühl，也被译为"社会兴趣"或"社会情感"等），即个体作为人类命运共同体成员从社会和人群中寻求归属感，而对周围的人和社会的参与与付出则是会让他们内心获得归属感和幸福感的来源。通常这样的人也是心理健康、积极阳光的人。具体概念会在下面的内容进行详述。

二、个体心理学的主要概念

1. 人格的统一性

阿德勒在《儿童教育心理学》一书中提出，人格的统一性是指个体的各种行为和表现共同组合在一起形成的整体模式。他认为孩子的每个行为、每个动作都有可能是他整个生活和人格的外显，因此，要想了解孩子的行为，就需要了解孩子行为背后隐含的所有信息。要理解单一事件，必须从孩子的整体生活来考虑。从另一个角度来看，因为孩子出现了某种问题行为就全盘否定孩子也同样失之偏颇。人格的统一性强调从问题行为出现的根源着手解决，一定要看到孩子出现的问题行为是不是他生活风格的体现。

2. 追求优越

这里的"优越"是指对自我的一种超越。阿德勒认为"人的本性离不开对优越感的追求"，无论孩子还是成人，都有一种"追求优越的强烈冲动"，而且这种冲动还不能被根除。从一个孩子对优越感的追求可以看出他的性格特征，观察孩子追求优越感的行为可以将孩子分为不同的类型。

3. 自卑与补偿

当一个人感到自卑或者缺乏安全感，那么他一定会有让自己达到更高层次的欲望，以期获得心理补偿，不断超越现在的自己，最后趋于完美。而自卑是每个人从婴孩时期就会有的，它伴随着人类的存在而存在。自卑存在时，补偿即伴随而生，是自卑的产物，也将成为超越自卑的必经之

发现孩子行为背后的秘密

路。补偿的目的是缓解孩子的自卑感(孤独感、焦虑感和失落感等),避免孩子的自卑情结继续发展,最终促使孩子产生一些心理满足感。在孩子问题行为的纠正过程中,尤其要重视补偿对摆脱自卑的重要作用,在纠正问题行为的同时促进孩子的全面发展。

4. 生活风格

阿德勒把个人追求优越所形成的独特方式称为"生活风格"。上面说过,阿德勒认为每个人都有超越自我和追求完美的目标,但是如何追求优越则取决于个体独特的条件,所以在追求优越的过程中,每个人都发展出了一种包含特质、行为和习惯的独特的追求优越的方式,这种方式就是生活风格。每个人生活的具体环境不同,自然就形成了各自不同的生活方式,从而形成了具有不同生活风格的人。

阿德勒将生活风格划分为四种主要类型,前三种属于破坏性的生活风格,最后一种属于建设性的生活风格。这四种生活风格分别为:①统治支配型:统治支配型的人往往缺少社会兴趣和勇气,他们对优越感的追求极其强烈,甚至不惜通过剥夺和伤害他人的方式达到目的;②索取型:具有索取型生活风格的人遇到问题不是自己去努力解决,而是想方设法依靠别人来满足自己的需要,他们希望所有的人都围绕在自己的身边;③回避型:回避型的人缺乏应对危机所需的信心和勇气,遇到问题会为了避免失败而试图逃避;④社会利益型:拥有社会利益型生活风格的人在相互支持、相互尊重的环境中长大,他们往往能够自信地面对生活,愿意与人一起合作解决问题,并愿意为他人的幸福和建立更好的社会而做出努力。统治支配型风格的孩子在达成目标的过程中可能会不择手段,因而产生包括攻击性行为在内的种种问题行为,需要家长加以引导。对于索取型和回避型的孩子可能产生的问题行为,家长可以结合前文提到的"自卑与补偿"的概念,引导孩子亲身实践、靠自己的努力获得成就感,慢慢培养孩子的自信心与责任感，让孩子更好地追求自己的目标。

5. 社会情感

阿德勒认为，社会情感是一种人类与生俱来的需要，是一种愿意与他人友好相处、共同建设美好生活的需要，是"一种必须有意识发展的先天潜能"。在他看来，社会情感极大地影响人类语言能力与逻辑思维能力的发展，这些都是要通过与人的相处才能发展出来的。阿德勒指出，社会情感是衡量心理健康、确定生活意义的标准，也是评判个人价值的重要尺度。通过发展孩子的社会情感，有助于纠正孩子的问题行为，帮助孩子正确地与他人友好相处，成长为对社会有益的人。

6. 创造性自我

阿德勒认为人不是环境的消极接受者，每个人都能通过自己的生活风格主动地、有意识地去塑造自己的人格和命运。这意味着，孩子的问题行为是可以通过正确、科学的引导被有意识地纠正的。人是有可能把握自己的命运的，而非被动地让命运来决定。例如，同样的生活经历和境遇下的两个人，会通过自身的努力最后产生两种不同的命运。有些生理自卑的人，可以通过补偿，成为对社会有用的人；而有些人则形成了自卑情结，最终一事无成。

三、个体心理学对孩子问题行为的理解及应对策略

孩子问题行为一直是家长和教育者关注的焦点。阿德勒的个体心理学为我们提供了独特的视角和深入的观察，有助于我们更好地理解孩子问题行为的本质，并制定出有效的应对策略。

1. 深入理解孩子问题行为的根源

阿德勒强调人格的统一性，认为孩子的每个行为都是其整体生活和人格的外显。因此，我们不能孤立地看待孩子的问题行为，而应将其放入孩

子的整体生活中去理解。这意味着，我们需要深入了解孩子的生活背景、成长经历、家庭环境等，以揭示问题行为背后的深层次原因。

同时，阿德勒的"追求优越"概念也提醒我们，孩子的问题行为可能是他们追求优越的一种方式。当孩子感到自卑或缺乏价值感时，他们可能会通过问题行为来吸引他人的注意，以获得心理上的满足感。因此，我们需要关注孩子的自尊和自信需求，帮助他们建立积极的自我认同。

2. 以孩子为中心，建立积极的互动关系

阿德勒的个体心理学强调社会情感的重要性，认为孩子的问题行为往往与缺乏社会情感有关。因此，我们需要与孩子建立积极的互动关系，关注他们的情感需求，给予他们足够的关爱和支持。通过与孩子的积极互动，我们可以帮助他们培养积极的社会情感，学会与他人友好相处，从而减少问题行为的发生。

在建立积极互动关系的过程中，我们需要尊重孩子的个性和需求，避免使用体罚或强制的手段来纠正问题行为。相反，我们应通过鼓励、引导和支持的方式，帮助孩子认识到自己的问题和不足，激发他们的内在动力去改变自己的行为。

3. 培养孩子的创造性自我，鼓励自我超越

阿德勒认为人能够主动地、有意识地去塑造自己的人格和命运。这一观点为我们提供了应对孩子问题行为的重要思路。我们需要培养孩子的创造性自我，鼓励他们勇敢地面对自己的问题和挑战，通过自我超越来克服自卑和困难。

在培养创造性自我的过程中，我们需要为孩子提供具有挑战性的任务和活动，激发他们的创造力和想象力。同时，我们还需要给予孩子足够的自主权和选择权，让他们在自己的能力范围内自由地探索和尝试。通过这种方式，我们可以帮助孩子建立自信心和责任感，培养他们的自我管理

能力。

在应对孩子问题行为时，我们需要综合运用多种策略，以达到全面、有效解决问题。在具体实施过程中，我们还需要注意以下几点：一是要保持耐心和信心，相信孩子有能力改变自己的问题行为；二是要尊重孩子的个性和需求，避免一刀切的做法；三是要注重长期效果，而非短期行为改变；四是要与家长和其他教育者保持密切合作，共同为孩子的成长提供支持。

第二节　萨提亚学派的冰山理论

德国心理物理学创始人古斯塔夫·西奥多·费希纳（Gustav Theodor Fechner）曾经这样比喻人的心理：人的心理像海中的冰山，大部分藏在水面以下，水面以上的小部分好比是人的意识，水面以下的则是人的无意识。奥地利心理学家弗洛伊德（Sigmund Freud）和布洛伊尔（Josef Breuer）曾就此做过具体的分析，并于1895年撰写的《歇斯底里症研究》一文中正式提出了冰山理论。在这里，"冰山"的隐喻主要用来区分意识和潜意识。弗洛伊德认为人的心灵就像一座冰山，意识就像浮出水面的小冰尖；而潜意识则像埋在水下的大冰块。他认为，人的行为举止大多由潜意识所主宰，自由运行且不被人所觉察，只有少部分是由意识控制的。

维吉尼亚·萨提亚（Virginia Satir）是美国最具影响力的首席治疗大师，是家庭治疗的先驱，也是人本主义学派的代表。她被美国著名的《人类行为》杂志誉为"每个人的家庭治疗大师"。由她发展创新的探索家庭关系的技巧，为广大治疗师所推崇。

萨提亚治疗模式非常看重个人由内而外的改变。萨提亚认为，我们每个人都是一座"冰山"。每个人能被外界看到的行为，以及自己所感知到的感觉，可能都是表面现象。而导致这些行为的真正原因，则是隐藏在水平面下的"冰山"，所以我们也经常形容只看到事物的端倪为"冰山一角"。每个人能够意识到的东西可能只是"冰山"很小的一部分，此外更大的一部分都处于人们未知的领域，人们未曾探索也不知如何探索。而"不知道"或"意识不到"的东西，会让人的发展存在潜在的危险，像对冰山缺乏精准预测的水手，往往难以带领船只顺利航行。因此，一个家庭或一个人的命运也要依赖于挖掘日常生活中所隐藏起来的感受和需要。

一、冰山理论的主要观点

冰山理论的观点也和阿德勒的个体心理学理论保持了很高的一致性，即人是有可能改变的，问题也是有可能得到解决的，每个人都有潜力改变自己，前提是每个人都要了解自己的"冰山世界"。美国著名萨提亚学派心理咨询师和教育家约翰·贝曼（John Banmen）在萨提亚的冰山模型上进行了完善和发展，形成了七个层次，从上到下依次为行为、应对方式、感受和感受的感受、观点、期待、渴望和自我（图2-1）。

1. 行为

行为是可见的，是毫无遮掩、露出水面的冰尖，是我们可以直观感受到的内容。面对可被接纳的行为，我们能够妥善处理；面对不予接纳的行为，我们则以打压、退缩、否定、抗拒等消极方式来应对。

2. 应对方式

应对方式是指对事情的反应和态度，应对是行为的起点。如果我们不接纳所发生的行为，我们就会采取表里不一的应对方式来防卫或者自我保护，例如指责或讨好等。孩子的问题行为很大程度上是一种错误的应对方式，是孩子自我保护的一种方式。因此，面对孩子的问题行为，更需要家长和教师走进孩子的内心，真正了解孩子所面对的困难和问题，以帮助孩

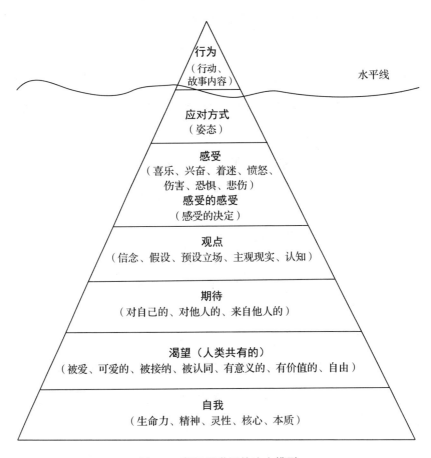

图 2-1　萨提亚学派的冰山模型

子改正。

3. 感受和感受的感受

感受是我们经历事情时产生的情感体验。感受和情绪没有明显的界限，情绪只是较为强烈的感受。有些感受我们是愿意接纳的，有些感受我们不愿意接纳，则常常会以心理或者身体的症状表现出来。感受的感受指的是我们为什么会有这些感受，即在感受的基础上进一步觉察到在这些感受背后发生的加工机制，从而更好地探索新的应对方式。对家长来说，真正理解孩子的感受是应对问题行为最重要的途径，只有感其所感，想其所想，才能够明白孩子的问题行为从何而来，解决真正的深层问题，而不是

发现孩子行为背后的秘密

简单地强硬纠正孩子的行为。

4. 观点

观点是我们对事物的主观看法和态度，包括信念、假设、主观现实、思考、想法和价值观等。这些是人们基于过去的经验并结合现在的处境所产生的念头，是此刻认识世界的主观规则而并非事实本身。

5. 期待

期待不仅是对自己，也是对别人，还有来自他人的期待。期待是对未来发展的憧憬和展望。它源自我们对过去遗憾的弥补和对未来愿景的向往。有些原来未被满足的期待，会成为我们一直背负的精神或者生理压力，它会一直消耗我们的能量。

6. 渴望

萨提亚认为，人类普遍的心理需要包括爱、价值、自由、尊重、认可、关注与接纳。渴望是当下的，时时刻刻都需要得到满足。当渴望得不到满足的时候，就会形成一种期待。满足渴望的方式有两种：一种是向内寻求，自己满足自己；另一种是向外汲取营养，如向他人索取。

7. 自我

人类所有的行为，都是想证明自己的价值。例如，如果孩子对他人，甚至对自己的期待没有得到满足，就可能会导致问题行为的产生。从另一个角度来看，这些问题行为源于孩子为了满足期待而采取的错误的索取方式。自我是人的本质和核心，是推动每个人向前的生命力。我们遵循内在自我时，就能满怀喜悦地在自己的道路上一往无前。我们偏离内在自我时，就会犹豫不决，自我怀疑，看不到自己的价值，开始向外寻求自我的价值。

觉察是改变的第一步，当孩子出现问题行为时，教师和家长可以根据萨提亚的冰山模型，觉察孩子行为背后的内在世界，去了解孩子内在的感受、渴望和期待，明白孩子大多数的行为和应对方式只是在进行一种自我保护。当教师和家长了解孩子的内在感受时，他们对孩子问题行为的感受也会相应发生变化，从而让自己采取更和谐的应对方式对待孩子。

二、运用冰山理论去理解孩子的问题行为

冰山理论是一种深入理解人类行为和情感的模型，它强调个体内在世界的复杂性和多样性，为理解孩子的问题行为提供了一个独特的视角。

1. 行为层面

孩子的问题行为是冰山最外层的部分，是我们直接观察到的。这些行为可能是不恰当的。然而，理解这些行为的背后原因至关重要。这些行为可能是孩子试图满足其内在需求的错误方式，如寻求关注、逃避责任或报复。

2. 应对方式层面

我们要认识到孩子的问题行为可能源于他们的应对策略。由于经验和认知能力有限，他们可能会采用不健康的方式来应对压力或挑战，如过度依赖、指责或逃避。这需要我们深入了解他们所面临的困难，提供支持和指导，帮助他们发展更健康的应对策略。

3. 感受和感受的感受层面

这是冰山理论中非常关键的一环。孩子的情绪体验是他们行为的重要驱动力。他们可能因为恐惧、愤怒、挫败或孤独等感受而产生问题行为。作为教师和家长，我们需要培养对孩子情绪的敏感度，学会倾听和理解他们的感受，而不是简单地制止他们的行为。

4. 观点层面

这涉及孩子对世界的理解和认知。由于他们的认知能力尚未完全发展，他们可能会形成扭曲或片面的观点。例如，他们可能会认为自己没有

价值或能力，或者认为别人总是对自己不好。了解并尊重他们的观点是帮助他们纠正错误认知的重要一步。

5. 期待层面

这涉及孩子对自己和他人的期待。他们可能对自己有很高的期望，希望自己能做到完美，或者对他人有不切实际的期待。这些期待未能满足时，他们会感到失望和愤怒。帮助孩子建立现实的期待是预防问题行为的一种方法。我们可以引导他们认识自己的能力范围，明白他人也有自己的需求和感受。

6. 渴望层面

这是冰山理论中非常人性化的一部分。孩子有基本的心理需求，如渴望被爱、被认可和自由。当这些渴望得不到满足时，他们可能会通过问题行为来表达自己的不满和失望。因此，满足孩子的渴望是预防和解决他们问题行为的关键。

7. 自我层面

这是冰山理论的核心。孩子的自我价值感会影响他们的行为和情绪。如果他们觉得自己没有价值或被忽视，他们可能会通过问题行为来寻求关注或认可。因此，培养孩子的自尊和自我价值感是至关重要的。通过肯定、鼓励和提供机会让他们体验成功和成就感，可以帮助他们建立积极的自我形象。

通过关注冰山理论的各个层次，我们可以更深入地了解孩子的内在世界，从而提供更有效的支持和指导。通过锻炼对孩子感受的敏感度，纠正他们的错误认知，满足他们的基本需求，培养他们的自尊和自我价值感，以及帮助他们建立对现实的期待，我们可以帮助他们避免产生问题行为，并促进其健康发展和成长。

第三节　马斯洛的需求层次理论

亚伯拉罕·哈罗德·马斯洛(Abraham Harold Maslow)是美国 20 世纪著名的社会心理学家、比较心理学家，也是人本主义心理学的主要创建者之一。马斯洛于 1943 年发表的《人类动机的理论》中首次提出需求层次理论。基于这一理论，孩子的问题行为一定程度上源于未被满足的需求。人如果想要生存下来，那么他的需求就会影响他的行为。而只有尚未被满足的需求才可以影响行为，已经被满足的需求无法充当激发人做出特定行为的工具。

一、需求层次理论的发展历程

传统心理学过度研究精神病人，而马斯洛认为，对健康人的研究才能构建积极的整体动力学理论体系，揭秘人本性中的价值，为人的健康成长和发展提供理论支撑。在慢慢掌握健康人的需求结构和特点之后，马斯洛在其出版的《动机与人格》一书中，对需求层次理论的内涵进行了较详细的阐述和完善。

起初，马斯洛将需求结构分为 5 层：生理需求、安全需求、归属与爱需求、尊重需求、自我实现需求。但需求层次理论的发展从未止步，马斯洛对需求层次的结构进行了两次拓展。第一次是在对追求自我实现的人进行研究后，马斯洛发现个体在满足尊重需求并朝向自我实现需求迈进的过程中，会产生一些微妙的情绪体验，这些体验被概括为认知需求和审美需求。由此，需求层次从五层扩展到七层。第二次是在对东方佛学文化产生浓厚兴趣后，马斯洛认为"自我实现"并非个体的终极需求，应该存在一个更加高层级的需求，他认为个体会产生超越现实社会的需求，即超越需

发现孩子行为背后的秘密

求，需求层次再次扩展到八层。[①]

二、需求层次理论的层次内容

需求层次结构的发展，体现了学者对个体发展需求的持续探索和不懈追求，但也给读者和研究者造成疑惑，需求层次到底有几个？在我国学术界，大部分相关论著都按照马斯洛的需求层次理论（见图 2-2）进行介绍和研究。鉴于各需求层次间的相对优势等级原则，本书着重对五层次的需求层次理论进行介绍。

图 2-2 马斯洛的需求层次理论

1. 生理需求

生理需求是指满足个体生存条件的基本需求，具体包括吃饭、喝水、睡眠、呼吸、排泄等。生理需求是最重要的，也是作为出发点的需求。也就是说，如果个体所有的需求都没有得到满足，他就会被生理需求所支配，那么所有其他的需求就会被忽视甚至被当作不存在。例如，对一个流浪的人来说，他时常会感到饥饿、寒冷，吃饱穿暖已经是比较奢侈的事情，所以当他的余生有充足的食物和衣物保障时，他就会很快乐、满足，其余任何事情（自由、爱、尊重等）都将被视为无用之物而置之不理，因为它们不能填饱肚子。婴幼儿"闹觉"就是非常典型的由于生理需求未被满足

---

① 车文博．人本主义心理学［M］．杭州：浙江教育出版社，2003：124.

而产生的问题行为，这种时候，如果能提供良好的休息环境，满足其需要，婴幼儿也就会停止哭闹。

2. 安全需求

安全需求是指个体渴望安全感、稳定感，想要被保护，远离恐惧、焦虑和混乱，对结构、秩序、法律的需求等，具体包含人身安全、健康保障、财产安全、工作职位保障、家庭安全等。它使个体偏爱某种不受干扰的常规或节奏，似乎想要一个可预测的、合法的、有序的世界。

家长在满足孩子安全需求中扮演的角色至关重要。家长的不公正、不公平会让孩子感到焦虑和不安；争吵、家庭暴力、分居、离婚或家庭成员死亡会让孩子觉得恐惧；让孩子面对新的、恐怖的刺激或情况，会经常引发危险或恐怖反应。例如，在迷路或短时间与家长分开后、在面对陌生人或陌生事物时，孩子会疯狂地抓紧家长不放，家长这时充当着保护者的角色(与食物提供者等角色完全不同)。如果妈妈发现自己不在孩子身边，孩子什么事情都不愿意去做时，妈妈需要考虑孩子是否由于习惯被陪伴，当身边没有成年人照顾时就会缺乏安全感，从而产生以自我放弃为目标的问题行为。为满足孩子的安全需求，家长需要为孩子搭建一个没有威胁、充满爱的家庭环境。

3. 归属与爱需求

归属与爱需求是指个体想要参与社交，建立情感联系，被人接纳、爱护、关注、鼓励及支持等的需求，具体包含友情、爱情等。追求归属与爱需求时，一般来说，个体会渴望与人建立亲密的关系，即在他的群体或家庭中占有一席之地，并且会通过极大努力来促成这一目标的实现。

当孩子发生以寻求过分关注为目标的问题行为时，家长可以反思孩子的归属与爱需求是否未被满足。例如，在妈妈打电话的时候，孩子总是会跑过来问东问西或者提出一些非必要、不合理的要求。这时，孩子的目的并非真正地求知或者寻求帮助，他只是想得到妈妈的关注，从而肯定自己在妈妈心中的地位。妈妈可以回想最近是否忽视了对孩子的关心，并通过鼓励、陪伴等方式增强与孩子的情感联系。

4. 尊重需求

尊重需求是指肯定个人的尊严和价值的需求。尊重需求主要包括两方面：第一，自我尊重，即个体对自己的信任、尊重，表现为对力量、成就、掌控力和胜任力、独立和自由的渴望等；第二，来自他人的尊重，包括对名望、身份、认可、关注、重要性或社会称许等的渴望。当尊重需求得到满足时，个体会产生自信，感觉自己有价值、有力量、有能力、在这个世界上有用和必要；反之，若该需求未被满足，个体将会产生自卑、软弱和无助的感觉。

当家长强迫或命令孩子完成某些事情时，孩子会觉得自己的能力受到质疑，自己的权威被挑战，从而以消极的态度与家长陷入权力之争。孩子会表现出拒绝合作甚至是蔑视、挑衅的姿态。事实上，发生上述这种以寻求权力为目标的问题行为时，很有可能是因为孩子感受到自己未得到来自他人（家长）的尊重，致使孩子的尊重需求未被满足后进一步成为优势需求，主导孩子的行为。

5. 自我实现需求

自我实现是指个体对自我发挥、自我完成、自我完善欲望的外在表现，是一种促使个体内在潜力顺利实现的倾向，也是个体成长中对未来发展预期和高尚境界不懈追求的渴望和动因。它具体表现为挖掘和发挥个人潜能，为达成个人抱负和发展目标而付出实际努力，并最终实现的一种动机倾向。

三、需求层次理论的主要观点

第一，当某一需求被长期满足时，它将不再作为影响个体行为的决定因素，而是以一种潜在的方式存在，对个体行为的影响力会相对下降，但不会随更高一层级需求的发展而消失。在某种意义上说，如果这一需求受到挫折未被满足后，它可能会再次出现以主宰个体行为。换句话说，个体的行为是由不被满足的需求组织起来并支配的。例如，对刚吃完午饭的小刘来说，生理需求在他当前的动态中就变得不那么重要；只有当他连续学习了五六个小时、变得又累又饿的时候，生理需求从"沉睡模式"被唤醒，再一次影响着个体的行为，具体表现为他准备休息一下、起身去吃晚饭等。所以，当孩子发生问题行为后，家长不需要盲目慌乱，更不应该横加指责，可以从需求的角度出发，判断孩子的哪些需求未得到基本的满足，并以此为依据寻找相应的解决策略。

第二，五个层次的需求构成一个"有相对优势关系的等级体系"，低一层次的需求未得到满足时，个体会产生满足该需求的渴望，形成推动行为的动力；该需求得到满足后，又会产生高一层次的需求。在个体发展的过程中，高层次需求的出现晚于低层次需求，与生存的直接联系也更少，更多地指向精神世界的满足。简单来讲，各层需求间不仅有高低层次之分，也存在先后顺序之别。一般情况下，只有低层次需求得到满足后，个体才会产生较高层次的需求。例如，孩子一般不会选择在又困又饿的情况下去交朋友。但是，仍有可能出现不完全顺应需求层次的情况。例如，成语废寝忘食，形容一个人认真做事情以至于顾不上睡觉、忘记了吃饭，可见他的认知需求超过生理需求；革命烈士邱少云为了战友的安全和革命的胜利，甘愿付出一切，在烈火中壮烈牺牲，他的自我实现需求超过其他任何一种需求。

第三，各需求可分为两类。一是基本需求，包含生理、安全、归属与爱、尊重需求，因这类需求产生的原因是生理或心理上的发展欠缺，所以也被称为匮乏性需求。这类需求是个体维持生存所必需的需求，它们的产

发现孩子行为背后的秘密

生就是因为匮乏。需求得到满足时，与此相关的动机将会消失。例如，两岁的孩子在碰到陌生人时，会下意识地环视四周找妈妈或其他亲人，这是因为他们产生了安全需求；如果孩子是在妈妈怀抱里看到陌生人，他们会感受到安全感，也不会有安全需求及与之对应的行为（找妈妈或其他亲人）了。值得强调的是，家长需要注意孩子的问题行为是否是由于孩子的匮乏性需求未被满足而引起的。再例如，在二孩家庭中，若家长偏爱弟弟，那么家长的不公平对待会使哥哥的安全需求未被满足，接着，哥哥可能会做出一些以寻求过分关注（故意做不好力所能及的事）和寻求报复（弄哭弟弟）等为目标的问题行为。二是成长性需求，主要指自我实现需求，也有学者将认知需求和审美需求也归入成长性需求中。成长性需求不是个体维持生存所必需的，但是对个体的成长发展、适应社会具有重要的作用。与匮乏性需求不同，成长性需求很难被完全满足甚至会永不满足。匮乏性需求使个体得以生存，而成长性需求使个体生活得更好。所以家长在满足孩子匮乏性需求的基础上，要引导、鼓励孩子追求成长性需求，为孩子实现成长性需求创造良好的外部条件（经济、教育环境等）。

第四，个体的需求会受个人特质、时间因素、情境因素等多方面的影响。不同的人有不同的需求，且会随时间的变化而变化。因此，在相同的情境下，不同的人会产生不同的行为；相同的人，在不同的时间节点会产生不同的行为。此外，在同一时间几种需求同时存在时，必有一种需求占主导、支配地位，人的行为主要受其支配，这种需求被称为优势需求。例如，一个无家可归、饥肠辘辘的人，若他是一个 5 岁的小孩子，安全需求可能会胜过生理需求成为优势需求并决定其行为，他最想回家、找妈妈；若他是一个 50 岁的成年人，生理需求可能会胜过安全需求占主导地位，他更想要先填饱肚子、喝一口热水。可见，需求受到多种因素的影响。因此，家长在判断孩子的需求时，需要将共性和个性相结合。

需要强调的是，不同目标引导的问题行为与需求的缺失并不存在完全对应的关系。引发孩子问题行为的因素是多样的，家长在试图找出问题行为所对应的需求时，需要结合实际情况，具体问题具体分析。

四、运用需求层次理论去理解孩子的问题行为

马斯洛的需求层次理论，作为心理学和行为学中的重要理论，为我们理解和分析人的行为提供了有力的依据。这个理论将人的需求从低到高分为五个层次。当个体的某一层需求得到满足后，更高一层的需求便会出现。

对孩子来说，如果他们的生理需求得不到满足，可能会导致他们出现哭闹、不安定等问题行为。例如，一个饿肚子的孩子可能会通过哭闹来引起父母的注意，以获取食物。安全需求位于生理需求之上，包括对稳定、秩序和避免危险的需求。孩子的安全感主要来自家庭的稳定和父母的关爱。如果孩子感到不安全，他们可能会表现出焦虑、紧张、过度依赖等行为。例如，一些孩子会因为担心被抛弃或害怕被惩罚而表现出顺从或讨好行为。

归属与爱需求是人们在社交方面的需求，包括对友谊、家庭、爱情和社会认同的需求。对孩子来说，他们需要感受到来自家庭和社会的接纳和爱护，以建立自尊和自信。如果孩子缺乏归属感和爱，他们可能会出现攻击性行为或过度依赖他人等问题行为。例如，一些孩子会通过挑衅或恶作剧来吸引他人的注意，以获得归属感。尊重需求包括对成就、地位和自尊的需求。孩子需要感受到自己的价值，这通常来自于他人的认可和赞扬。如果孩子感到自己的价值被忽视或贬低，他们可能会出现自卑、退缩或叛逆等问题行为。例如，一些孩子会通过炫耀自己的才能或故意违反规则来吸引他人的注意，以获得自尊。

自我实现需求是最高层次的需求，指个人追求自己潜能的充分发挥，实现自己的理想和目标。对孩子来说，自我实现的需求通常表现为对探索、创造和表达的兴趣和热情。如果孩子的自我实现需求受到限制或忽视，他们可能会出现缺乏创造力和想象力、消极怠惰等问题行为。例如，一些孩子会因为无法实现自己的想法和创意而感到沮丧和失落。

将马斯洛的需求层次理论应用于理解孩子的问题行为可以帮助我们更深入地了解他们的内在需求和动机，从而采取有效的措施来减少或消除他们的行为问题。同时，这也提醒我们要关注孩子需求的平衡发展，以促进他们的全面成长和发展。通过不断满足和提高孩子在不同层次上的需求，我们可以帮助他们建立健康的人格和行为模式，使他们成长为自信、独立、有爱心的个体。

第三章　问题行为的目标
和 4 个关键 C 方法

阿德勒学派的代表人物鲁道夫·德雷克斯（Rudolf Dreikurs）是美国的儿童心理学家、精神病医师和教育家，也是现代实践派儿童心理学奠基人。他将阿德勒思想从理论转化为具体实践，并发展了一系列的实践方法，至今仍在西方教育界有着广泛影响，并直接影响了"正面管教"等方法的提出。

第一节　问题行为的目标

德雷克斯认为家庭是教育发生的第一个场所，而学校是家庭教育的延伸。他认为人类的不当行为都可以归结为一些基本需求得到满足，即缺乏对某一特定群体的归属感，及为该群体做出贡献后的满足感。当归属感未被满足时，孩子会通过其他一切方式获得归属感，这些方式随着目标的变化将转化为不同的问题行为。德雷克斯将这些问题行为的目标归结为：寻求过度关注、寻求权力、寻求报复和自我放弃。对问题行为目标的了解，可以帮助家长理解孩子行为背后的需求，进而为家长引导孩子的健康行为提供方向。

一、寻求过度关注

你是否有下面这样的经历？妈妈跟朋友在聊天或打电话时，会被孩子不时地打断；或者孩子发现妈妈的注意力没有在自己身上，会不停地跟妈妈提出各种需求。德雷克斯认为，如果孩子在没有正当理由的情况下，让家长不断为他们忙碌，而家长对此产生烦躁等不良情绪，孩子其实是在寻求过度关注。孩子觉得只有成为被关注的焦点时，才会显示自己的重要性和价值。因此，孩子会想方设法获得别人的关注。

孩子天生都需要用尽全力寻求关注。如果孩子觉得气馁，没有得到鼓励，他们的需求就得不到满足，因此他们会通过各种方式寻求关注，如哭闹，不让家长做别的事情，通过各种行为让家长暴跳如雷等。当寻求过度关注成为孩子问题行为的目标时，孩子的需求是被注意到、获得归属感；孩子的线索行为是打断他人、忘记该做的事情、粗鲁无礼等，一旦被家长注意到，行为会停止一段时间，然后重新开始。此时，家长的感受是沮丧、恼怒、烦躁等。

当孩子发生上述行为时，家长可以采取的有效策略包括：①忽视寻求注意力的行为，减少对问题行为的关注，注意忽视行为而非孩子；②了解孩子何时需要关注，并在他们需要且未得到满足时找到给予关注的方法；③肯定孩子的积极行为，关注努力的过程而非结果。

案例 1 不好好吃饭的阳阳

这天吃饭的时候，阳阳闹情绪，说："我不想吃午饭。我想吃零食。"妈妈看着阳阳碗里刚盛好的饭说："把碗里的饭吃完才能吃零食。""妈妈，你喂我吧，我不想拿筷子。""你都是 8 岁的大孩子了，自己吃饭。"阳阳不依不饶："妈妈，我讨厌吃米饭。你能给我再做点儿别的吗？"妈妈也没有了之前的耐心："你不是说今天要吃米饭的吗？""妈妈，你能不能……"还没等阳阳说完，妈妈就打断他："别废话了，赶紧吃你的饭！"

阳阳希望通过"吃零食""喂饭"等方式寻求妈妈的过度关注，因为他觉得只有在妈妈为他忙来忙去的时候，才能体现出他的重要，所以阳阳竭尽所能甚至不惜以一些不太讨巧的方式来吸引妈妈的注意。当妈妈意识到阳阳行为背后的目标后，就应该拒绝给予阳阳过度关注，这样既有利于阳阳成长，也有利于妈妈着眼并满足于自己的现实需求——好好吃完这顿饭。

那怎样判断孩子的行为是不是寻求过度关注呢？孩子的要求是否合理、符合实际是重要判断依据。阳阳8岁了，已经具备独立使用筷子的能力；讨厌吃米饭属于不良习惯，不应该提倡，而且他一开始要求吃米饭，在妈妈做好米饭的情况下又提出讨厌吃米饭，没有尊重妈妈的劳动成果；在妈妈吃饭的时候提出这一系列要求，也忽视了妈妈想要好好吃饭的需求。阳阳这些不合理的要求实际上都是在非必要的情境下提出，妈妈需要把阳阳从寻求过度关注的困境中引导出来。

妈妈对阳阳的行为觉得烦躁、恼怒，但是，阳阳不会惧怕妈妈的负面情绪，因为他会有"至少妈妈注意到我了"这种观念。若妈妈对阳阳不合理的要求妥协，则会加深这种错误观念，使他确信自己的方法是有效的。所以，妈妈不能产生烦躁等负面情绪，防止被孩子感受到。对此，妈妈可以忽视阳阳的问题行为，埋头吃饭，对阳阳"不想拿筷子""讨厌吃米饭"等行为不予理睬。但是，妈妈可以关注孩子积极的一面，如阳阳开始吃饭、拿起筷子等。妈妈需要平时表现出对阳阳的关心和爱护，增加陪伴阳阳的时间，在下次吃饭前（未被要求时）询问阳阳的意见："阳阳，今天午饭你想吃什么呀？要用什么餐具？"也可以通过陪阳阳读成语故事等方式，告诫他要珍惜粮食、珍惜他人的劳动成果。

案例2　陪妞妞玩拼图

妈妈在厨房做午饭，让妞妞自己在客厅玩。不一会儿，妞妞就喊着：

"妈妈，你能来陪我玩拼图吗？""宝贝，你等妈妈一会儿哟，妈妈正在做饭，现在不能过去。等妈妈把饭做好再陪你玩。"没过多久，妞妞又一次召唤妈妈："妈妈，你可以跟我玩拼图吗？"妈妈这时已经有些不耐烦："不是说好等饭做好再陪你玩吗？妈妈现在走不开。"妈妈的回复并没有起到作用，当妞妞再一次让妈妈陪自己玩拼图时，妈妈努力克制着自己的烦躁："现在不行，你自己玩去。"同样的情况重复第四次的时候，妈妈走出厨房，无奈地说："妞妞，妈妈只能陪你玩 10 分钟，待会儿我要接着去做饭。"

妞妞一遍又一遍地喊妈妈陪自己玩拼图，最终如愿以偿，妈妈的回应是对妞妞寻求过度关注的妥协。对妞妞来说，在她没有得到关注的时候，她也同时失去了价值感，于是她迫不及待地寻求关注来确定自己的重要性。每一次得到妈妈的回应，都意味着妞妞的一次成功，但也限制了妞妞运用其他方式获得价值感。妞妞试图通过呼唤妈妈、得到回应来确定自己与外界（妈妈）的情感连接，确定"我是属于妈妈的"。假设妈妈停止回应，不再关注妞妞不合理的要求，妞妞可能会有不满或反抗。

为了避免妞妞进一步做出具有破坏性的行为，在妞妞第一次呼唤时，妈妈可以进行回应；面对之后的呼唤，妈妈可以询问妞妞呼唤的原因，了解她的需求和情绪。如果妞妞的呼唤是因为无聊或寻求关注，妈妈可以尝试转移她的注意力，让她关注其他有趣的事情。以上尝试无果后，妈妈要给妞妞建立清晰的规则和限制，让妞妞明白哪些行为是破坏性的，并帮助她学会控制自己的情绪和行为。如果妞妞提高音量甚至恼火，妈妈仍应保持平和的态度，继续做自己的事情。妈妈也可以和妞妞约定玩拼图的时间，明确告诉妞妞："在妈妈做饭的时候，妞妞不可以以玩拼图为理由打扰妈妈。"妈妈也需要注意在孩子表现变好时及时进行鼓励，帮助孩子获得价值感。例如，妈妈看到妞妞自己玩拼图时，可以说："妞妞可以自己玩拼图啦，好厉害呀！"

为帮助家长把握适当关注和过度关注的界限、判断"孩子是否正在以寻求过度关注为目标"，家长可以通过审视孩子的要求和自己的主观感受来辅助判断，以下线索可供参考。第一，孩子的要求是否正当合理？若正当合理，那孩子所寻求的是适当关注；反之，则为寻求过度关注。第二，如果家长不参与，孩子是否能够独立解决？若不能独立解决，孩子寻求的是适当关注；反之，则为寻求过分关注。第三，如果家长介入其中，是否会对孩子产生正面影响？家长的介入会使孩子认识到"自己是有能力的"，还是会让他们感受到"自己无能且习惯依赖于他人的帮助"？若家长的介入会对孩子产生正面影响，让他们感受到自己的"能力"，那孩子寻求的是适当关注；反之，则寻求的是过度关注。第四，家长自身的需求是否会因为帮助孩子而受到阻碍，是否得到孩子的尊重并且被满足？若家长自身需求得到尊重并满足的话，孩子寻求的是适度关注；反之，则寻求的是过度关注。总之，家长要根据孩子的需求提供恰当帮助，使孩子从生活中获得价值感和归属感，不能让昙花一现的短期满足代替长期的正面影响。

二、寻求权力

当家长或孩子想要更多的控制权、支配权时，权力之争的"战场"已然形成。双方成员到场以后，战争就打响了。孩子会通过拒绝家长的合理要求获得满足感，当家长妥协时，孩子就赢得了"战争"的胜利；相反，如果孩子屈服于家长的权威，那么他们就会失去自己的价值感，认为自己被"打败"了。持续的权力之争会迫使孩子思考更多可以"打败"家长的技巧，也会让孩子误以为"更大的权力才是取得胜利的关键"，长此以往，孩子甚至会仗势欺人，成为一个霸凌者或者专制者。因此，学会退出战场，对家长来说至关重要。没有敌人的战场，何来胜利可言？

当寻求权力成为孩子问题行为的目标时，孩子的需求是感觉自己强大，有能力和控制力，对局势有发言权和控制权；孩子的线索行为是愤怒、拒绝合作、蔑视、挑衅等，行为升级迫使战斗停止时，家长可能会让步。此时，家长的感受是愤怒、受到挑战、想要攻击、想要"赢"、想要"创造他们"、想要屈服等。

家长可以采取的具体策略包括：①远离"战场"，不要和孩子争吵，待大家都冷静下来，可以讨论/谈判时，再解决这个问题，避免因威胁和喊叫等使矛盾升级、场面失控；②不要妄图通过强硬手段改变孩子的做法，而要思考家长需要做什么；③尽可能提供有限的选择，使孩子在可能的情况下做出选择，给孩子发言权；④使用与问题相关的自然后果或逻辑后果；⑤让孩子参与决策，积极倾听，并表示尊重和兴趣，对孩子的应对能力表现出信心。

案例3　养成自己洗袜子的习惯

爸爸要求童童自己洗袜子。起初，童童每天都在当天洗好袜子，但是没坚持几天，爸爸就发现了前一晚放在洗衣机上的脏袜子。爸爸不太高兴，对童童说教了一番。童童答应爸爸自己不会忘记洗的。到晚上睡觉之前，爸爸发现童童的袜子还是没有洗，于是他质问童童："袜子怎么还没有洗？你还想等到什么时候？"童童说："待会儿就去，着什么急啊！"爸爸强硬地说："现在就去洗干净！"童童磨磨蹭蹭地来到卫生间拿起脏袜子，爸爸转身离开了。可是，过了40分钟，童童的那双袜子还没有洗完，爸爸认为童童是在跟自己怄气："洗一双袜子还要多久？你非得跟我对着干，是不是！"说着，爸爸生气地打了他一下。那天晚上，童童确实洗了自己的袜子。可是没过几天，爸爸又发现了童童没有及时去洗放在洗衣机上的脏袜子。

显然，当爸爸要求童童洗袜子时，童童和爸爸就进入了权力之争。童童行为的目的是让自己觉得自己有能力，对"洗袜子"的行为有控制力，即"能按照我的想法做事，我就很重要"。爸爸试图强迫童童按自己的要求去做，但不尽如人意。二者都竭力表现自己的权力，想要证明自己才是掌握话语权的那一方。

家长会疑惑，为什么在自己小的时候，不敢像这样忤逆家长呢？由此，家长可能会觉得孩子的行为更加过分。事实上，由于社会文化的差异，区别于受传统封建家长制影响的保守专制的家庭环境，现在的孩子从小受到民主开明环境的熏陶。对于强权，现在的孩子更倾向于通过自己的力量去反抗，而不是委曲求全。这就形成了恶性循环：家长通过各种方式显示自己的权力，然后孩子因不愿被支配和控制而向家长"宣战"，家长的镇压不会有效果，甚至会带来更为严峻的后果。

德雷克斯认为，孩子能感受到家长勃然大怒、生气烦躁等情绪，并加以利用。虽然外在表现是哭叫和流泪，但是孩子心里正在暗暗得意。意识到这是一场权力之争后，爸爸不应该因为童童挑衅自己的权威而生气，而是需要冷静下来分析童童问题行为背后的情感需要。童童寻求权力的行为实质上是为了"感觉自己有能力处理、决定洗袜子这件事情"。这时，爸爸可以先走开，思考合理且具有可行性的措施。例如，运用自然后果，爸爸可以不再催促童童洗袜子，但是要告诉他："童童，如果你不及时洗袜子的话，那你明天就要穿着脏袜子去上学了。"

没有惩罚能获得持久的服从，爸爸不能通过强硬手段让童童听自己的话。面对孩子即便挨打也要维护权力的情况，爸爸只能思考自己应该采取的应对措施。一方面，通过打童童的方式强迫他洗袜子，即便当时取得了效果（童童当天洗了袜子），但并不能使童童在心里认可这个要求。在童童看来，自己没有屈服，即便挨了打，但是也获得了这场斗争的胜利。如若爸爸再次运用暴力手段，那矛盾只会越积越深。爸爸需要明确，这种使斗争升级的方式不可取。另一方面，爸爸应该与童童进行沟通，了解童童的想法，告诉童童自己为何会提出这样的要求，把脏袜子放在洗衣机上会有

发现孩子行为背后的秘密

怎样的不良影响等。爸爸可以说："我看到放在洗衣机上的袜子还没有洗，是不是不喜欢用手洗？需要戴手套吗？"同时，爸爸要对童童"能独立解决这件事情"持有信心，给予他支持。平等的双向沟通可以使权力的"战场"不复存在。

当家长命令或强制孩子做事情时，权力之争就会浮出水面。但是，这不意味着家长不需要对孩子的言行进行引导，而是家长需要在恰当时间采用有效方式对孩子进行引导。那什么时候算恰当时间？什么样的方式是有效的呢？当孩子的健康和安全出现威胁时，家长通过合理的命令要求孩子或者通过身体优势维持规则，避免他受到伤害时，就是恰当时间。例如，孩子如果发着烧仍坚持外出时，妈妈可以挡住门让孩子留在屋内。有效方式即家长需要避免固执己见和专制，尊重孩子的自主性，赢得孩子的合作。

案例 4　独自"表演"的巧巧

妈妈准备带巧巧去超市购置生活用品，出发之前，妈妈答应巧巧："巧巧，你只可以挑两种零食，多余的妈妈就不给你买了。"巧巧欣然接受。到了超市以后，巧巧接连把巧克力和薯片放进购物车后，又被果冻吸引了。巧巧刚想把果冻也放进购物车时，妈妈察觉了她的小心思，阻止了她，并说道："只可以挑两个哟。"巧巧拿着果冻恳求妈妈："再买一个吧！"妈妈说："不可以。"巧巧开始抱着妈妈的大腿，叽叽歪歪地哭。这样僵持了 1 分钟以后，巧巧看妈妈无动于衷，于是转变了策略，开始躺在地上打滚、号啕。妈妈还是没有理会她，继续若无其事地挑选商品。巧巧发现自己的举动没有用后，只好擦掉眼泪，重新站起来，把果冻放回货物架上，回到妈妈身边。

毫无疑问，在地上打滚、号啕等方式并不会让巧巧觉得舒服，巧巧之所以选择这种方式是想要在这场权力之争中获得胜利，她希望妈妈看到自己的行为后进行制止并妥协。但妈妈坚定的态度直接让权力的"战场"消失了，留下巧巧独自"表演"，巧巧自然也就会放弃用自己本身不喜欢、不舒服的方式来争夺权力。

为帮助家长判断自己是否处在权力之争中，下面是可以参考的线索：第一，家长是否感受到愤怒、难过等，如果家长在与孩子交互的过程中产生了这样的负面情绪，那他们很有可能正处在权力之争中；第二，家长的做法是否和家长自身的利益有关，包含维护威望、获得心理满足、收获名誉等，如家长的行为是为了使孩子顺从自己并赢得"好妈妈""好爸爸"的称号而并非为了孩子的成长与发展考虑，那就有可能正陷入权力之争中；第三，家长的语气是强硬、充满怒气的，还是冷静、坚定、平和的，若进入权力之争，语言往往会愈演愈烈；第四，孩子是否有反抗行为及问题行为是否得到改善，若孩子对解决问题的过程持接受和肯定的态度，并且之后未再出现同样的情形，那么双方就未陷入权力之争中。

家长要想从根本上避免与孩子进行权力之争，就要转变自身的观念。家长需要意识到，对孩子而言，家长的身份更应该是一位引路人，而不是一位独断家。每个人都是相对独立的个体，孩子也不例外，家长没有控制和支配孩子的权力。家长也不应该强求与孩子的合作，要让孩子自愿参与合作，这就需要家长通过耐心、幽默、友好等去赢得孩子的心，增强孩子合作的意愿。当家长的关注点慢慢从"我需要孩子做什么"转变为"我自己可以怎样做""孩子可以怎样做"时，就会离权力之争越来越远了。

孩子寻求过度关注和寻求权力都会表现出对家长合理要求的拒绝，要注意二者的区别：在面对家长的纠正或斥责时，前者会停止相应行为，后者则会加强这一行为。

三、寻求报复

当孩子在与家长进行权力争夺中都想征服对方时，当孩子认为自己不被关注、不被喜欢、没有足够的权力时，他们认为只有伤害到别人才能展现出自己的价值，就有可能发展成强烈的报复行为。因为孩子觉得自己不被喜欢，也没有权力、没有力量抗争，所以只能通过伤害他人来体现自己的价值感。为了弥补自己受伤的感情，他们的错误目标就定位在需要进行反击和报复。如总干坏事的孩子，大家自然就相信他真的是个"坏孩子"。但是往往这样的孩子才是最需要鼓励的，因为他们很少会得到鼓励。出现这种目标的原因有多种，如孩子感觉自己受到不公平对待，在与家长的权力之争中"战败"等。

当寻求报复成为孩子问题行为的目标时，孩子的需求是去伤害别人、攻击这个世界、想要感受被爱；孩子的线索行为是残忍、粗鲁、发生破坏性行为、伤害他人、伤害自己等。此时，家长的感受是深受伤害、不喜欢、憎恨、想要报复、寻求报复等。

当孩子发生上述行为时，家长可以采取的有效策略包括：①如果孩子寻求报复，要避免做出反应，防止矛盾升级；②在试图解决冲突之前，给自己一个"冷静期"；③尽量客观地了解情况，扪心自问：我的孩子怎么会这样；④给孩子无条件的爱，表现出友好、尊重和理解，积极倾听。

案例5　只想爸爸多陪陪我

爸爸正在书房加班，浩浩走到书房门口："爸爸，你有时间陪我玩会儿吗？""爸爸正忙呢，爸爸没时间。"浩浩紧接着又问："你什么时候才有时间呢？"爸爸说："别闹！没看见爸爸正忙着吗？"浩浩突然发起了脾气："我再也不理你了！以后你都别跟我在一起！你都不在乎我！"爸爸说："你怎么能这么跟爸爸说话呢？"浩浩生气地说："怎么不能？这是你唯一一次听我说话！"爸爸也很生气，说："你怎么这么不懂事！"浩浩听到爸爸的质问更加气愤了，生气地拔下了电脑的插线头，关掉了爸爸面前的电脑。

浩浩"不理爸爸""关电脑"的行为是为了报复爸爸"不听他说话"，让爸爸觉得自己很重要。爸爸应该先保持冷静，给自己一个"冷静期"，避免采取"实施报复""进行辱骂"等方式使矛盾升级。一旦爸爸惩罚浩浩，就会给浩浩下一次的报复行为留下更充足的动机，进而形成一个恶性循环。浩浩需要的是爸爸的理解和在意，爸爸可以设身处地地思考浩浩为何这样做。认识到浩浩需要的是感受到自己的价值和重要性后，爸爸可以告诉浩浩："浩浩，爸爸爱你，爸爸一直很在乎你。我知道你需要爸爸的陪伴。我很理解你，希望你也可以理解爸爸现在要工作，等我忙完马上就去陪你好吗?"等忙完后，爸爸可以去陪浩浩聊聊天、玩玩游戏，要说到做到。

案例6 丹丹被"忽视"后的变化

丹丹一直觉得自己是爸爸妈妈捧在手心上的宝贝，但这种想法在弟弟出生以后发生了动摇。丹丹6岁时，弟弟出生了。看着爸爸妈妈为弟弟忙碌的身影，丹丹觉得很失落，她觉得爸爸妈妈把爱分给了弟弟而忽视了她。伴随着这种想法，丹丹的行为在不知不觉中变得乖张了起来。弟弟睡觉的时候，丹丹会故意碰他一下把他弄醒;弟弟玩玩具的时候，丹丹会一把抢过来不给他玩……起初爸爸妈妈以为这是孩子间正常的玩闹，并未在意。直到这天，妈妈抱着弟弟哄他睡觉，爸爸忙着给弟弟布置婴儿床，丹丹毫无预兆地走向弟弟，伸手抓在弟弟脸上，在他脸上留下了一道血痕，爸爸妈妈才意识到问题的严重性。

丹丹外显的行为表现着她想要伤害别人，可实际上，丹丹只是想得到爸爸妈妈的在意和关注。丹丹觉得，爸爸妈妈对自己的爱都被弟弟夺走了，爸爸妈妈没那么爱自己了。在非独生子女家庭中，当家长爱的天平失衡时，天平的两端其实都会受到不同程度的伤害，家长的偏爱不会对任何一方的发展有利。家长不能直接给丹丹定性，认为她是一个"坏孩子"。即便她对这样的称呼表现出毫不在意，但这对她的杀伤力无疑是极大的，她有可能会产生自暴自弃的想法。

　　面对丹丹的问题行为，爸爸妈妈不能同样采取报复的方式予以回击，这样会适得其反。试想一下，如果爸爸看到弟弟脸上的血痕以后，一气之下把丹丹揍了一顿，丹丹会怎么想？她会把爸爸的暴力行为也归咎于弟弟，认为"是因为弟弟我才挨打的，如果没有弟弟，爸爸就不会打我了"。那么如何引导丹丹停止报复行为呢？爸爸妈妈可以站在丹丹的角度，思考她为什么要这样做。意识到丹丹的情感需求后，爸爸妈妈应该表示理解并向丹丹解释，缓解她的抵触情绪。爸爸可以告诉她："丹丹，爸爸妈妈并没有因为弟弟的到来而不爱你，弟弟也不会分走爸爸妈妈对你的爱。我们一直都非常爱你。我们最近的注意力可能大部分放在弟弟身上了，没有好好关注你的感受。我们感到非常抱歉。爸爸向你保证今后绝对不会再因为弟弟而忽视你的感受了，好吗?"在经历了这次风波后，丹丹家长应该充分重视、满足丹丹的需求，并做出切实有效的行动，让她感受到家长的爱并没有因为弟弟的存在而减少，重新建立起和她的信任关系。家长可以采取的行动包括对陪伴丹丹的时间等予以承诺，让丹丹理解家长的想法、跟家长合作照顾弟弟等。

　　值得注意的是，寻求报复目标的外在行为表现不一定是伤害别人，也有可能是伤害自己。例如，孩子跟家长赌气，在自己发热的时候出门淋雨。这种做法会对健康造成威胁，孩子其实也深知这一点。至于为什么明知会受到伤害还一定要这样做，是因为孩子知道自己是家长的软肋，如果自己受到伤害，家长会无比伤心难过，因此他们选择这种间接的方式报复家长。

　　以寻求报复为目标的问题行为比较容易判断。若孩子和家长发生争执后，说出诸如"我恨你""讨厌你""我不爱你了""再也不想理你了"等狠话，甚至做出踢、打等动作。家长会感到伤心、委屈和受伤等，这时候通常可以判断孩子的问题行为的目标是寻求报复。

四、自我放弃

当孩子做任何事情时都没有动力，即便面对很简单的事情也没有信心、十分无助的时候，他可能正在以自我放弃为目标。一个彻底气馁的孩子会完全放弃自己，因为他觉得无论做什么都没有用，也不会成功，因此他会感觉非常无助，并持续地放大这种感觉。德雷克斯特别指出，孩子产生这种感觉来源于一系列让他产生挫败感的经历。这样的孩子缺乏勇气，他们会夸大自己的弱点，其中有些弱点甚至是他们自己杜撰出来的，这样做可以让他们直接拒绝那些自认为无法胜任的任务。等杜撰的缺点足够多了，孩子可能什么都不愿意去做了。他们有自己的逻辑：如果我努力做了，别人就会发现我无能；但是如果我不做，别人就不会发现我什么都做不好了。面对这样的孩子，家长不能真正放弃引导和教育，而是应该激励他们，把他们从自我放弃的深渊中拽上来，这就需要使问题行为目标无法达成，即家长应该始终对自己的孩子抱有信心，相信孩子的能力。

当自我放弃成为孩子问题行为的目标时，孩子的需求是感觉自己能完成一些事情、需要解决问题的勇气、相信自己；孩子的线索行为是轻易放弃甚至拒绝尝试、沮丧郁闷、无法应对等。此时，家长的感受是绝望、无助、沮丧、气馁、有压力等。

当孩子发生上述行为时，家长可以采取的有效策略包括：①设定孩子容易实现的任务，创造成功的可能性；②认可孩子的努力和改进，抓住每一个机会激励孩子，鼓励孩子学习新技能；③减少对孩子非必要的帮助，允许自然后果和逻辑后果；④不要放弃，不要表现出怜悯和同情，给予孩子无条件的爱和积极的尊重，保持态度坚定但温和，对孩子的应对能力表现出信心。

案例 7　友谊的小船"翻"了

"你放学后是要和唐唐玩吗?"琪琪噘着小嘴,闷闷地回答妈妈:"她不再是我的朋友了。"妈妈问:"为什么? 她上星期来的时候,你们在一起玩得很好呀。"琪琪说:"嗯,她说她现在想和田田一起玩。"妈妈接着问琪琪:"你现在和谁一起玩?"琪琪说:"我不知道,我不在乎。我就看电视。"妈妈着急地说:"你可不能这样。你得出去交朋友啊!"

琪琪并非真的想看电视。她之所以这么做,是因为在交友的过程中遇到了挫折,产生了自我放弃的念头。她此时的情感需求是"需要勇气"。妈妈可以和琪琪坐在一起看电视,跟她交流彼此的想法,告诉孩子:"琪琪,如果你想谈这件事的话,妈妈愿意随时跟你交流。"妈妈也可以鼓励琪琪给自己的朋友打一个电话或者结交新朋友。如果琪琪仍然选择看电视而不愿意有任何行动的话,妈妈可以提醒她这样选择的后果:"琪琪,你如果不愿意交朋友的话,那下周的秋游活动可能就要你自己一个人玩了。"

案例 8　请不要放弃我

超超的学习成绩在班里中等。起初,他非常努力,每天除了写完老师留的作业以外,还要花两个小时上课外班,可是超超的成绩却一直提不上去。久而久之,超超变得不愿意努力了,他好像认定自己学习成绩一般,无论如何也不会进步了。超超的班主任跟他妈妈反馈:"超超妈妈,孩子都补了这么久的课了,怎么还是一点儿起色都没有呢? 还是跟不上。"妈妈似乎对这一结果早有预料似的,不禁叹起气说:"唉……算了。他什么也做不好,压根不是学习这块儿料。"

超超妈妈和案例 7 中的琪琪妈妈最大的区别就在于:琪琪妈妈想办法积极应对孩子的自我放弃,而超超妈妈则放弃了孩子,任其自暴自弃。显然,超超妈妈的做法不值得提倡。每个孩子都有其价值,有自己的闪光点。如果连家长都放弃自己的孩子，那孩子会对自己的"无能"更加坚定不移。

超超妈妈可以给超超设定一个容易完成的小任务，如收拾一下自己的房间，把书桌上的书整理好等。在此过程中，妈妈要对超超表现出绝对的信心，要相信他能够独立完成并且完成得很好。若超超中间出现失误，妈妈可以说："超超，出现失误不可怕，你已经很棒了。只要下次没有类似的失误，你就可以表现得更好了。"等孩子完成任务后，妈妈可以给予超超精神鼓励或者物质奖励。随着一个个小任务的达成，妈妈可以逐渐提升任务的难度。这些任务会给超超信心，缓解他习得性无助的心理状态，以更加积极的心态面对学习和生活。此外，针对学习成绩，超超妈妈还应该帮助超超找到学习成绩不理想的原因，如学习方法不恰当，精力不集中，做题不认真等；同时告诉超超"学习成绩不代表一切"，并尽力挖掘其在其他方面的天分，使其全面发展。

五、朋友的认可

前面 4 个目标在孩子的幼年期更为明显。随着年龄的增长，到了青春期，孩子的行为模式更为宽泛，朋友和家长、教师以外的成年人进入孩子的视野中，问题行为的目标变得更加复杂。

当朋友的认可成为孩子问题行为的目标时，孩子的需求是被同龄人接受、融入、建立身份；孩子的线索行为是接受朋友的属性，改变外表和语言，具有防御性或争论性等。此时，家长的感受是担心、焦虑等。

当孩子发生上述行为时，家长可以采取的有效策略包括：为青少年提供更多的成年人榜样；在一定限度内给予青少年空间，在原则问题上要坚定；尊重朋友在青少年生活中的重要性，找机会了解他们的朋友，避免批评他们的朋友等。

案例9 文身贴背后的想法

琳琳妈妈看到琳琳胳膊上一块黑乎乎的东西，凑近一看，发现是一个文身。她刚想质问琳琳，琳琳就急忙解释道："息怒，我这不是真的文身，只是一个文身贴。"妈妈表示很费解："为什么要弄这个啊？"琳琳说："我看小涵她们（琳琳的朋友们）都贴了，我就想着也贴一个，不然太不合群了。"妈妈生气地说："赶紧弄干净，一天到晚不务正业！"

到了青春期以后，很多家长会发现孩子表现出从众行为，琳琳就是一个生动的例子。对待这种行为，家长要冷静，不能怀着偏见认为所有的从众行为都是盲目的、不可取的。事实上，家长要知道：孩子正在通过这种外显的方式寻求朋友的认可，努力融入自己身边的"小圈子"中。这样的从众行为会让他们在所在群体中获得更多的归属感、安全感。家长应该对孩子的这种行为表示理解，并适时引导。琳琳妈妈可以告诉她："孩子，妈妈知道你想跟朋友保持同步，跟上他们的步伐，但是妈妈希望你们能把精力放到更多有意义的事情上来，如一起去郊游踏青、做志愿者等，你们会发现有很多事情都比贴文身贴有趣得多。"

当然，不可否认的是，并非所有以"朋友的认可"为目标的行为都是可以被理解的。当一些行为已经超过了安全的界限或是对青少年的身心健康发展不利，例如，当孩子想要跟着身旁的朋友一起逃课时，家长应该及时制止。

六、追求刺激

当追求刺激成为孩子问题行为的目标时，孩子的需求是受到欢迎，获得归属感；孩子的线索行为是避免例行公事，对极限运动、快速驾驶等感兴趣，进行权力斗争或报复等。此时，家长的感受是紧张、焦虑、受伤、愤怒、震惊等。

当孩子发生上述行为时，家长可以采取的有效策略包括：允许自然后果或者逻辑后果，让青少年参与决策，保持边界，承认青少年对冒险行为的感受，避免说教，鼓励公开辩论安全、风险等。

案例10　俊俊的滑板风波

看到短视频平台经常有博主分享玩滑板的日常，俊俊觉得他们又酷又潇洒。于是，俊俊也用自己的压岁钱偷偷买了一个滑板，准备练习起来。俊俊瞒着妈妈，拿着自己的滑板出门练习。他对自己很有信心，相信不久自己也会掌握高超的滑板技术。没过一会儿，妈妈就接到了俊俊的电话。原来俊俊刚接触滑板，不太熟悉，也不清楚保护措施，一不小心摔了一跤就受了伤，脚扭了，手掌也擦破了。妈妈知道后赶紧带他去医院检查伤情，好在没有大碍。回家后妈妈非常不解，她问俊俊："你想玩滑板为什么不告诉我呢？"俊俊说："我害怕你说玩滑板会影响学习，所以我不敢告诉你。"妈妈看着俊俊，哭笑不得。第二天，妈妈给俊俊报了滑板兴趣班，并且叮嘱他："不管做什么，都要先学会怎么保护自己的安全。"

以寻求刺激为目标的问题行为常常伴有一定的隐患和危险，所以家长最好能及时发觉、防患于未然。同时，当家长发觉孩子的行为伴随着"追求刺激"的目标时，应该加以正确引导。那么，这类行为发生时，家长应该如何积极应对呢？以俊俊为例，俊俊妈妈可以先对俊俊表示关心，然后询问俊俊想学习滑板的原因。如果俊俊是因为想要释放学习压力、放松身心、锻炼身体而学习滑板，妈妈可以表示理解和支持。案例中妈妈为俊俊报兴趣班就是一种很好的支持方式，不仅能让俊俊在玩滑板时学会自我保护，在运动的过程中保护好自己，还可以让他对滑板运动有更加客观理性的认识。如果俊俊是看到别人玩滑板比较酷而想模仿的话，妈妈需要对俊俊的从众心理进行引导，告诉俊俊那些光鲜的滑板动作背后也需要日复一日地坚持与练习，鼓励俊俊找到自己的兴趣点并为之付出努力。如果俊俊单纯想追求"刺激"，享受一种身体不受控的感觉的话，妈妈也不应该一味地说教，可以和俊俊一起探讨这样做的风险，进一步引导俊俊理解正确的处理问题方式，纠正追求刺激的问题行为倾向。

　　了解孩子问题行为的目标可以为家长下一步的行动提供心理学的依据和支撑。但是，家长不应告诉孩子"我怀疑你有错误的目标"，因为孩子对自己的目标并不自知，而且这样做还会给他们造成心理伤害。家长需要做好心理准备，家长的举动可能不会产生釜底抽薪的效果，甚至孩子未必会改变自己的行为。根据布朗芬布伦纳的生物生态学理论，发展着的个体处在多个相互影响的环境系统中，会受到诸多因素的影响。家长应该牢记，作为独立的个体，孩子有权决定自己的行为。

第二节　4 个关键 C 方法

　　了解青少年问题行为的关键在于家长要注意引发他们这些行为的情感需要。引发孩子问题行为的情感需要与问题行为的目标一一对应，这些情感需要概括起来，即 4 个关键 C 方法，该理论由美国心理学家艾米·卢（Amy Lew）和贝蒂·卢·贝特纳（Betty Lou Bettner）运用阿德勒原理进行实践教学后提出，4 个关键 C 分别指连接（connect）、能力（capable）、价值（Count）、勇气（Courage）。当孩子的情感需求得到满足时，孩子会产生正向的、积极的感觉和行为；反之，若孩子的情感需求未能得到满足，孩子则会产生负向的、消极的感觉，进而引发有着错误目标的问题行为。从 4 个关键 C 方法出发，了解这些感觉和行为，有利于家长充分认识、鉴别孩子的情感需求，知晓孩子问题行为背后的深层动机，引导并矫正孩子的问题行为。

　　事实上，对同一个载体而言，不同的组织方式、活动流程和实际结果会使该载体所满足的情感需要产生差异，本节内容将会运用"游戏"这一载体举例，为读者更加直观地展示不同的游戏方式对孩子情感需要的满足情况。当然，各个情感需要也会因其特殊性而有着独特的培养方法。因此，希望读者在理解本节内容后融会贯通，避免限制思路，在实践过程中要对具体问题进行具体分析，选择具有可操作性的方法。

一、连接

"连接"是孩子发生以寻求过度关注为目标的问题行为时的情感需要，即孩子需要感觉到自己与外界的联系，从孩子的视角看，是"我需要相信我有所归属"。当"连接"的情感需求得到满足时，孩子的感觉是安全的，孩子的行为是合作的，具体表现为接触他人、交朋友等；反之，当这一情感需求未被满足时，孩子的感觉是不安全、孤立的，孩子的行为是寻求过度关注的，表现为易受不良行为的影响、同伴压力等。

案例1 妈妈不能在陪伴孩子时与孩子建立"连接"的方式

妈妈去做饭之前，为了避免孩子的打扰，可以说："宝贝，妈妈要去做饭了，等妈妈做好饭就来陪你。如果你遇到危险的情况就喊妈妈，妈妈也会赶忙过来的，好吗？"

妈妈告诉孩子她要去做饭，并解释了为什么孩子需要等待。她通过这种方式让孩子知道她正在为家庭付出，并希望得到孩子的理解和尊重。同时，她也向孩子保证在遇到危险时会过来帮助孩子，这让孩子感到安全和被关心。从情感需求的角度分析，妈妈的做法满足了孩子"连接"的情感需要，让孩子感到自己与家庭有联系，与妈妈有联系。这些联系让孩子感到安全，并减少了寻求过度关注的行为。

案例2　爸爸不能在陪孩子时与孩子建立"连接"的方式

爸爸在加班的时候，可以提前告诉孩子："爸爸要忙工作了。我会尽快忙完来跟你一起玩。你先自己玩拼图，如果遇到拼不好的地方，就等我一会儿忙完来帮你。"

爸爸在加班时提前告诉孩子自己的安排，是建立良好沟通的一个示范。这让孩子知道爸爸会在忙完工作后陪伴他，感受到爸爸仍然关心他并愿意与他互动，能够理解爸爸的情况。此外，爸爸还建议孩子先自己玩拼图，如果遇到拼不好的地方，就等他一会儿忙完来帮助他。这种建议可以让孩子学会独立解决问题，同时也可以让孩子感受到与爸爸的联系和归属感。这满足了孩子对"连接"的情感需求，可以帮助孩子获得安全感，培养他们的独立性。

为了更好地满足孩子的情感需要，建议家长在与孩子沟通时多关注孩子的感受和需求。家长可以经常问孩子"你感觉怎么样""你需要什么"等问题，以了解孩子的情感状态。同时，家长也应该在日常生活中通过拥抱、亲吻、握手等方式来表达对孩子的关爱和关注。此外，家长也可以通过组织家庭活动、游戏等方式来增强家庭成员之间的联系和互动，让孩子感到被接纳，增强归属感，从而更好地满足他们的情感需求。

与朋友共同参与游戏活动也可以满足孩子"连接"的情感需要。在这个过程中，孩子不断与同伴发生交互，可以感受自己与外界（他人）的联系，有利于培养分享、交流、倾听等方面的技能，培养孩子与同龄朋友间的归属感，使孩子产生"我有朋友""我与朋友分享"等积极想法。

二、能力

"能力"是孩子发生以寻求权力为目标的问题行为时的情感需要，即孩子需要感到自己有能力，从孩子的视角看，是"我需要相信我可以做到"。

当"能力"的情感需求得到满足时，孩子的感觉是胜任，孩子的行为是自力更生，具体表现为自我控制、自律等；反之，当这一情感需求未被满足时，孩子的感觉是不足，孩子的行为是寻求权力，表现为试着控制别人、挑衅别人等。

与家长共同参与游戏活动有利于满足孩子"能力"的情感需要。游戏可以培养孩子的好奇心和创造力，让孩子在无压力的情况下学习新知识和新技能。孩子会和家长发生一系列互动，通过这些互动，家长可以注意到孩子何时做得很好、努力做了什么或尝试了哪些新鲜事物。值得注意的是，家长在这段时间里要尽量避免批评孩子，因为这样会伤害孩子的自尊。和他人一起参与游戏会使孩子觉得自己有能力，产生"我能和别人一起玩游戏""我能倾听""我能理解别人的话"等想法。

案例3　妈妈让孩子自己分配娱乐和学习的时间

妈妈给上中学的孩子买了人生中第一部手机，并告诉她："娱乐时间和学习时间的分配就交给你自己吧，我相信你能处理好的。"

妈妈通过给予孩子自主管理娱乐时间和学习时间的机会，满足了孩子"能力"的情感需要。孩子需要感到自己有能力，相信自己可以做到，而妈妈的做法正是赋予孩子这种信任感和自主权。

首先，妈妈的信任和鼓励让孩子感到被赋予了一种责任感。当孩子感到他们的行为对自己和他人有影响时，他们更有可能表现出积极的行为。因此，妈妈的话会让孩子感到自己有能力管理好自己的时间，这是一种对孩子能力的认可。

其次，妈妈的做法有助于培养孩子的自律和自我控制能力。妈妈将娱乐时间和学习时间的分配权交给孩子，鼓励孩子学会自我规划和自我管理。这种自主权不仅让孩子感到自己有能力做出决定，还让他们在实践中学习如何平衡娱乐和学习。然而，需要注意的是，赋予孩子自主权并不意味着完全放任不管。妈妈仍然需要关注孩子的行为，以确保他们能够合理地分配时间。如果孩子在管理时间方面遇到困难，妈妈可以提供指导和支持，帮助他们学会如何更好地规划时间。

 案例 4　爸爸让孩子自己选择装饰品

爸爸准备给孩子的房间换一下装饰，对于装饰物品的选择，他全权交由孩子去决定。

当爸爸准备给孩子房间换装饰，并且全权交由孩子去决定如何选择装饰物品时，让孩子感到被信任和被赋予了权力。这种信任和赋权可以满足孩子的情感需要，让他们感到自己有能力做出决定，并且能够胜任这个任务，从而满足他们的情感需要。

此外，爸爸的这种做法还可以帮助孩子培养自信心和决策能力。通过让孩子自己做出决定，爸爸可以帮助孩子学习如何权衡不同选项，考虑房间的整体风格和布局，选择最适合的装饰物品；还可以帮助孩子更好地理解自己的喜好和审美观。

为了更好地满足孩子的情感需要，建议家长们在日常生活中多给孩子一些机会来表达自己的意见和做出决定。

三、价值

"价值"是孩子发生以寻求报复为目的的问题行为时的情感需要，即孩子需要感觉到他们是重要的，从孩子的视角看，是"我需要相信我能有所作为"。当"价值"的情感需求得到满足时，孩子的感觉是有价值，孩子的行为是做出贡献，具体表现为承担责任等；反之，当这一情感需求未被满足时，孩子的感觉是无足轻重、受到伤害，孩子的行为是寻求报复，表现为伤害行为、感到痛苦等。

由孩子主导的游戏可以满足他们对"价值"的情感需要。当家长支持孩子主导游戏时，孩子就会意识到他们对家长来说很重要，他们的选择和决定也很重要。同样，这也适用于和同龄人一起参与游戏活动时。孩子主导游戏时，游戏活动的整个过程多由孩子来决定和掌控，孩子会认为"我可以做决定""我可以掌控全场"，并以此来肯定自己的价值。

案例5　妈妈请孩子帮忙打包贺卡

新年到了，妈妈准备给自己的朋友寄贺卡。她寻求孩子的帮助："宝贝，你可以帮妈妈打包贺卡吗？上次你帮我包信封的时候就可细心了，包得好看极了。"

在这个情境中，妈妈正在准备给她的朋友寄贺卡，并向孩子寻求帮助。这个场景提供了一个极好的机会来满足孩子"价值"的情感需要。

首先，妈妈向孩子寻求帮助时，明确地告诉孩子，她认为孩子是重要的，并且相信孩子有能力完成这个任务。这满足了孩子的"价值"情感需求，让孩子觉得自己被重视和有价值。其次，孩子帮助打包贺卡时，有机会做出贡献并承担责任。这会进一步增强他们的自我价值感，因为他们能够看到自己的努力成果，并对其产生积极的反馈。此外，如果孩子成功地完成了任务，他们会感到自豪和满足，这进一步强化了他们的"价值"感。如果他们在过程中遇到困难，家长可以提供指导和支持，帮助他们完成任务，从而让他们感到被关心和支持。最后，这个过程不仅满足了孩子的"价值"情感需要，还促进了亲子关系的发展。通过合作和互相支持，家长和孩子之间的关系会变得更加紧密。

总的来说，这个简单的日常场景提供了一个宝贵的机会，通过支持和鼓励孩子参与有意义的活动，来满足他们的"价值"情感需要，从而促进他们的情感和社会发展。

案例6　爸爸邀请孩子一起做饭

除夕夜，爸爸正在准备一家人的晚餐。爸爸可以邀请孩子露一手："上次你做的酸辣土豆丝可好吃了，今天可以再让我和妈妈享享口福吗？"

爸爸提到孩子上次做的酸辣土豆丝很好吃，这是对孩子烹饪技能的肯定。孩子从中可以感受到自己在家庭中的重要性，自己的贡献被认可和重视。这种肯定让孩子觉得自己是有价值的，他的行为能够为家庭带来积极的影响。当爸爸邀请孩子再次展示烹饪技能时，孩子可能会感到被赋予了一定的责任和权力。这种责任感可以激发孩子的自信心，让他觉得自己有能力做出好的决策和贡献。这种自信心的提升对孩子的自我认同和成长至关重要。

虽然在这个案例中孩子并没有完全主导活动，但爸爸的邀请让孩子有了一定的选择权和决策权。孩子可以决定是否接受邀请参与烹饪，这种掌控感可以让孩子觉得自己在家庭环境中是有影响力的。

这个简单的邀请行为实际上蕴含了丰富的情感满足和成长机会。通过肯定孩子的技能和贡献、提升自信心、满足掌控感以及促进家庭互动，爸爸在无形中支持了孩子的情感发展，使孩子肯定了自我价值。

四、勇气

"勇气"是孩子发生以自我放弃为目标的问题行为时的情感需要，即孩子需要勇气，从孩子的视角看，是"我需要相信我能应对接下来的一切"。当"勇气"的情感需求得到满足时，孩子的感觉是充满希望，孩子的行为是培养韧性，具体表现为面对挑战、勇于尝试等；反之，当这一情感需求未被满足时，孩子的感觉是自卑、绝望，孩子的行为是自我放弃，表现为什么都不做等。

整体感受比较积极的游戏活动均可以满足孩子"勇气"的情感需要。整体感受需要综合考虑游戏环境、氛围、完成度、参与度等因素，不能因为游戏过程中遇到的些许挫折而否定游戏活动的整体感受。只要孩子参加游戏后的感受是愉悦的、幸福的，那么这些活动都可以看作是比较积极的。有过积极经历的孩子，更有可能走出去尝试新事物，或主动交朋友，因为他们通过以往的活动攒足了勇气，不会害怕失败，对自己和他人的看法一般都比较积极。这样的孩子更容易产生"如果我愿意，我可以学习一种新的游戏并带头玩这种游戏"的想法。

案例7　妈妈鼓励孩子勇于挑战新事物

每到一个新的阶段，家长都可以鼓励孩子去尝试之前没有尝试过的事物。例如，新学期开始，妈妈可以告诉孩子："孩子，你要去竞选班干部吗？虽然你没有太多领导和服务团队的经验，但是你那么热心、那么有责任感，我觉得你一定可以胜任的！"

当孩子面对新的阶段或挑战时，家长可以鼓励孩子尝试之前没有尝试过的事物，以满足孩子"勇气"的情感需要。

在这个案例中，妈妈鼓励孩子去竞选班干部，尽管孩子没有太多领导和服务团队的经验。妈妈的鼓励是基于对孩子热心和有责任感的认可，这可以让孩子感到被信任和支持。当"勇气"的情感需求得到满足时，孩子会感到充满希望，并培养韧性，勇于面对挑战和尝试新事物。妈妈的鼓励话语满足了孩子"勇气"的情感需要，让孩子相信自己能够胜任班干部的职责。这种积极的情感体验可以让孩子更加自信和勇敢，从而更有可能尝试新事物、主动交朋友，并对自己产生积极的看法。

每个阶段都有不同的挑战和机会，家长可以鼓励孩子在每个阶段都去尝试一些新的事物。这样，孩子就会不断地积累经验，增强自信心，培养韧性。同时，这也让孩子明白，失败并不可怕，它只是成长的一部分。家长不仅是孩子的引导者，更是孩子的支持者和鼓励者。因此，家长的鼓励和支持，可以帮助孩子培养勇气和自信，从而使孩子更好地应对生活中的挑战和机遇。

 案例 8　爸爸鼓励孩子勇于承担责任

孩子不小心把牛奶洒了一地，爸爸可以告诉他："我知道你会收拾好地上的牛奶，你之前也看见过妈妈打扫卫生，你也可以收拾得很干净的。"

这个案例很好地展示了如何通过简单的语言和行为满足孩子的"勇气"情感需要。当孩子有了这样的经历和感受后，他们更有可能主动走出去尝试新事物，更有勇气去学习新的东西。这对孩子的成长和发展是非常重要的。

孩子不小心把牛奶洒了一地，面对这样的突发情况，可能会感到害怕或不知所措。此时，爸爸的话起到了至关重要的作用。这不仅是在告诉孩子如何处理眼前的困境，更是在给予孩子勇气和信心。

首先，爸爸的话让孩子知道，他有能力处理这个问题。他并不是一个无助的小孩子，而是有能力、有办法解决问题的人。这种信任和肯定，正是孩子在成长过程中所需要的。其次，爸爸的话让孩子回忆起之前看妈妈打扫卫生的经历。这不仅是在提醒孩子如何去做，还是在鼓励孩子模仿和学习。通过这样的经历，孩子学会了新技能，也增加了自信。

最后，爸爸的话给孩子传递了一个信息，即使做不好也没关系，只要敢于尝试就是好的。这种积极的态度会让孩子更有勇气去尝试新事物，不怕失败。

孩子的情感需求是复杂的，4 个关键 C 往往交错起来，互相之间边界较模糊，共存于孩子某一阶段的需求中，而且情感需求与满足方法之间没有严格的一一对应关系。单一活动可能会满足孩子这四方面的情感需求，但也可能哪一方面都满足不了。家长在教育实践中，要避免将各个情感需求完全孤立开来，而是应该把它们看作既相对独立又互相影响的有机统一体。

第四章　功能性行为评估方法

第一节　功能性行为评估理论

行为的功能就是行为所服务的目的或原因，被认为是维持行为的因素，即使得行为一直存在的因素。不管是适当行为还是问题行为，所有持续存在的行为都有一定的目的，这个目的一般和个体所在的环境有关。

行为具备功能，即行为能够持续或反复出现时，可能是受到了外在环境因素的强化作用。理解强化的概念是认识行为功能的关键。强化指的是某种行为发生之后的结果，能在将来使得这个行为发生概率增加的过程。行为的强化包括行为出现数量的增加，行为持续时间的延长，行为实施力度的加大。强化一般分为两种，正强化和负强化。正强化指的是个体行为发生后，获得了正向反馈，因此行为得到了增强。负强化指的是行为发生后撤销或减弱了负性刺激，因此行为获得了增强。例如，孩子在母亲不同意买玩具的时候大声哭闹，母亲因此为孩子买了玩具，孩子停止哭闹。这件事情中，对孩子而言，哭闹之后，母亲购买了玩具，强化了孩子通过哭闹获得想要的东西的行为，之后遇到类似情况哭闹行为会增加，这属于正强化。对母亲而言，满足孩子要求之后，孩子哭闹停止，强化了其满足要求这一行为，之后遇到类似情况去满足孩子要求的行为会增加，这属于负强化。

研究者通常将行为功能划分为正强化功能和负强化功能两种。钱德勒和达尔奎斯特(Chandler & Dahlquist)提出第三种行为功能：感觉刺激与感觉调整功能，也称为自动化强化功能，但这种功能常见于特殊儿童，尤其是孤独症儿童，普通儿童很少见。感觉刺激与感觉调整功能指的是行为可以调节环境中某种感觉刺激。曾陶尔(Zentall)提出的最佳刺激理论认为，每个个体都有一个最佳的刺激水平，而且每个个体都有复杂的感觉系统，包括视觉、听觉、味觉、嗅觉、触觉、本体感觉等，不同的感觉通道都有各自的最佳刺激水平。如果个体在某个时间未处于最佳刺激水平，就会努力寻求最佳水平的刺激，此时个体的行为功能就是感觉刺激与感觉调整的功能。对一些具有高触觉最佳刺激水平的儿童来说，在几分钟内，如果不能触摸任何物体，他们就可能会做出抚摸自己或者他人，碰触物体之类的动作，其目的就在于寻求对触觉最佳刺激的满足。某些孤独症儿童所表现出的刻板的自我伤害行为，如撞头、抠皮肤等，可能与他们大脑的特殊生理状态有关，在某些特殊情况下，给他们止痛药反而能够使这种自我伤害行为停止，这也是从某个角度上说明他们的身体存在着特殊的疼痛，撞头之类的自伤行为可能在一定程度上减轻了这种疼痛。事实上，这种做法在日常生活中非常普遍，例如，人们常因为身体出现疼痛而敲打自己的身体来缓解疼痛。

问题行为作为一种消极行为，其功能、目的和行为总体上是一样的。个体的问题行为通常不止有一种功能。例如，一个初中生上课经常捣蛋、不好好听讲，不仅如此，他还经常拉上身旁的同学跟自己一起不听课、一起扰乱课堂秩序。这位学生的问题行为就兼具多个功能：上课捣乱的目的可能是引起教师或其他同学的关注，使问题行为具有获得关注的功能；拉上身旁的同学跟自己一起捣蛋的过程可以和同学进行人际关系交往，因此问题行为也被赋予了沟通、交流的功能。

功能性行为评估指的是一种收集用于确定问题行为功能的信息和可以预测未来行为发生事件的方法，也是通过收集分析行为资料以了解行为功能的过程。面对存在问题行为的个体，对其行为开展行为功能评估，一般要经历以下三个阶段：描述并确定需要干预的问题行为、问题行为功能评估、验证问题行为功能。

一、描述并确定需要干预的问题行为

在这个阶段，干预者需要判断个体行为的性质和严重程度。描述问题行为是问题行为筛选阶段的第一步。干预者要对可能是问题行为的行为进行操作性定义。在行为干预领域，行为指的是任何可以观察到的或者是可以测量到的活动或者动作。因此，干预者要将那些令当事人烦恼的问题转化为可以客观观察和测量的具体行为，也就是用明确的语言对行为进行仔细的描述，达到让不同的观测者所测量和观察的行为都是同一个目标行为的效果。

对问题行为的描述可以分为两个部分：第一部分是对问题行为的常规描述；第二部分是描述一系列具体的，可观察、测量和重复的问题行为表现。常规的描述一般是词语或者短语，是对某个目标行为的概括或者命名，如攻击性行为、刻板行为。而行为的具体表现则是至少要有两个观察者都在个体身上观测到的目标行为的具体表现。描述问题行为的示例："常规描述：刻板行为；行为具体表现示例：坐在位置上不断地摇晃，反复转圈。"

注意，对问题行为进行操作性定义在问题行为功能评估以及干预工作中是非常重要的。如果对问题行为的描述出现错误，也就意味着不同观测者所针对的具体行为可能是不一样的，这就会影响观测者对行为的分析，功能评估的结果就可能会出现错误。例如，"常规描述：爱胡思乱想；行为具体表现示例：上课和做作业的时候会想无关的事情"，这就是一个错误的操作性定义，因为很难确定观察对象是否是在想无关的内容。再例如，"常规描述：不尊重同学；行为具体表现示例：不听同学的要求，做让同学不开心的事情"，也是错误的操作性定义。首先，不听同学的要求并不一定是不尊重同学的表现；其次，使用了对行为后果（让同学不开心）的描述来代替对行为本身的描述；最后，行为具体表现使用了内隐行为。尽管行为干预领域中，行为包括外显行为和内隐行为，但内隐行为需要用特殊的方法来反映，如当事人的自我报告或者仪器监测生理指标等方式，否则内隐的行为很难被其他人观察到。因此，在对问题行为进行描述的时候，常规描述可以选择一个内隐的行为名称，如爱胡思乱想和不尊重同学，但为了观察和测量，在描述行为具体表现示例时，必须使用外显的行为。上文中提到的"上课和做作业的时候会想无关的事情"就是一个内隐行为，如果不经过个体的自我报告，很难确认他是否是这样想的。

有时个体可能存在多种问题行为，可以将几种问题行为描述归于同一行为组，例如，咬人和拉扯别人头发的问题行为都可以归纳为一组，可以这样描述："常规描述：不良沟通。"

描述问题行为后，通过各种途径收集有关行为严重性的资料，来确定问题行为是否需要干预。相关行为的观察和测量指标有：行为频率、单次持续时间、行为强度、行为的潜伏期（间隔时期）、行为的具体情况等。钱德勒和达尔奎斯特认为，在考虑问题行为是否需要被干预时，可以考虑以下几个问题：行为是否干扰了个体的正常生活或者学习工作？行为是否干扰了其他人的正常生活或者学习工作？行为是否干扰或者阻碍了某些社会关系？行为是否对当事人的自尊有负面影响？行为对个体来说是否具有危险？行为是否会危害到其他人的安全？如果在六个问题中有答案为"是"，则行为需要被干预。另外，关于孩子的问题行为是否需要干预，尤其要重视问题行为可能给孩子未来发展带来的负面影响，也要考虑到教师和家长对孩子问题行为的担心和焦虑程度。因为后者的态度反过来会作用于孩子，可能会给孩子制造出一个非正常化的环境，更加不利于孩子的健康发展。例如，当家长认为孩子听不懂自己讲的故事时，他们给孩子讲故事的机会就会减少，孩子接触到语言学习的机会也可能进一步减少。

二、问题行为功能评估

确定需要干预的问题行为之后，干预者需要对问题行为进行功能评估，也就是对维持问题行为的各个变量进行识别和确定。主要识别三类变量：先前事件、背景事件和行为结果事件。

先前事件指的是发生在行为之前的事件。先前事件通常是诱发个体问题行为出现的直接原因，例如，妈妈拒绝给孩子购买他喜欢的球，然后孩子哭闹了起来，那么妈妈的拒绝就是孩子哭闹这一问题行为的先前事件。在问题行为功能评估过程中，对先前事件信息的收集是比较容易的，通过访谈和行为观察等方式就可以让干预者轻松地了解到先前事件，并确定这类事件和问题行为发生之间是否存在关系。在学习活动中，问题行为的先前事件常见的有：提问、缺乏关注、手势等。

背景事件指的是在问题行为发生的过程中，一直存在的各种环境因素。个体本身的特征，包括生理状态(生病、疲劳、饥饿、疼痛、睡眠剥夺等)、障碍程度、认知水平、社交能力水平、运动技能水平等。物理环境特点，包括所处场所的背景噪声水平、照明程度、空间的拥挤程度、环境的熟悉度、物品摆放的杂乱程度等。社会因素，包括家长的家庭教育方式、家庭经济条件、教师或者家长对个体的期望水平、周围人的接纳程度、所经历的创伤性事件、特殊的成长经历等。在问题行为功能评估过程中，干预者要了解个体本身的特征是否对问题行为持续出现产生影响，如身体上的疼痛是否是导致反复哭泣的问题行为的重要原因。物理环境的特点也会对个体的行为产生影响。例如，有同学忘记带自己的书，借用其他同学的书。该同学反复出现摸书中的字后使劲甩手的行为，教师进行批评之后，该问题行为依旧不断出现。经过教师的仔细观察，该同学用的那本书是书主人用涂改液涂抹过的，而且刚涂抹没多久。这位同学是一个嗅觉敏感的孩子，修正液的味道使其非常不舒服，因此出现问题行为。社会因素也可能是导致个体产生某些问题行为的间接原因。例如，有同学拒绝完成作业，对这位同学来说，有一个非常重要的原因是其教师和家长给予的学习期望过高，所以这位同学总是难以获得正面的评价，因此出现了拒绝做作业的问题行为。在问题行为功能评估过程中，区别于先前事件，背景事件对个体问题行为的产生常常起不到直接的作用，而是产生间接的影响。在实际问题行为发生的过程中，观察者很难通过直接观察了解到和问题行为发生有关的背景事件。大多数情况下，干预者需要通过深入访谈并比较分析环境才能够获得背景事件，有时还需要对个体进行一些测验、生理指标检查或者医学检查。

行为结果事件指的是行为的结果。如果某种问题行为反复出现，可能是因为行为的结果对行为造成了强化。例如，上课玩手机被教师发现后，教师将手机没收，但是学生一向教师承认错误、求情，教师就把手机还给了他。在这个事例中，学生对"承认错误、求情"持一种"无所谓""无关紧要"的态度，他并不介意下次再向教师重复"承认错误和求情"的行为。这时，行为的结果（承认错误、求情）就对学生的行为（上课玩手机）进行了强化。在学习环境中，常见的问题行为结果有被教师批评惩罚、同学的大笑等。干预者通常用访谈和行为观察来收集行为结果。

三、验证问题行为功能

对维持问题行为的各类环境因素的材料进行收集之后，就可以对问题行为与各类环境因素之间的关系进行分析。问题行为功能评估中需要研究先前事件、背景事件和行为结果事件等因素间的关系，方法主要有间接评估、描述性分析、功能分析三种。

1. 间接评估

间接评估是了解问题行为具体表现、环境因素、严重程度等资料的重要方法，具体可以运用访谈、问卷和量表等。下面主要介绍一下常用的功能评估访谈和功能评估量表。

功能评估访谈是以收集目标行为的具体表现、目标行为之前的环境资料等为目的，采用开放性或半开放性的形式，对表现出问题行为的个体及相关重要人员(如家长、教师、同学、其他学校工作人员等)进行的访谈。与普通访谈不同的是，功能评估访谈需要围绕以下几个核心制订访谈计划：行为发生之前的事情、行为的特点与性质、影响行为频率的行为结果、强化物。这样，才能保证访谈不会偏离目标。在进行访谈时，可参考邓拉普等人(Dunlap et al.)编制的初步功能评估调查，具体内容见表4-1。

表4-1 初步功能评估调查

	开始的时间：
工作人员：以下访谈适用于教师。在访谈之前，询问教师或者其他助教是否能够参加。如果可以参加，请说明他们的名字。另外，如果提供的是不同的信息，请注明这些信息的来源。	
学生：	学科：
年龄：	性别：
访谈者：	日期：
被访谈者：	
1. 列出并描述所担心的行为。	
2. 请将上述行为排序(什么是最重要的)。	

3. 当行为第一次发生的时候，你采取了什么方式进行处理？

4. 你认为是什么导致了行为的发生？

5. 行为在什么时候发生？

6. 行为发生的频率如何？

7. 行为持续了多长时间？

8. 有没有行为不发生的情况？

9. 有没有行为经常发生的情况？

10. 一天中有没有某些特定的时间行为经常发生？

11. 行为是对环境中特定的人的反应吗？

12. 行为仅仅是在某些特定的人在的时候发生的吗？

13. 行为仅仅是在某些特定的课程中发生的吗？

14. 行为与技能缺陷有关吗？

15. 对这个学生来说，被确定的强化物是什么？

16. 学生有没有服用可能影响其行为的药物？

17. 学生的行为能不能表明其处于某种剥夺状态(如口渴、饥饿、缺乏休息等)？

18. 行为是任何形式的身体不适(如头痛、胃痛、眼花、耳部感染等)的结果吗？

19. 行为是由于过敏(如食物、环境中的某些特殊物质等)产生的吗？	
20. 有没有其他行为伴随这一行为出现？	
21. 有没有可以观察到的事件预示着这一行为即将发生？	
22. 行为出现之后的结果是什么？	
完成的时间： 完成的总时间：	

　　功能评估量表是围绕问题行为及其可能的功能提出一系列高度结构化的问题，从个体入手，获取有关问题行为的相关资料。常用的有动机评估量表(Motivation Assessment Scale，简称 MAS)，共 16 道题，具体内容见表 4-2。量表中的问题可以帮助描述问题行为发生的情境，推导出问题行为的功能。可能出现的 4 种行为功能分别是获得刺激物或活动、逃避要求、关注、感觉或生理强化结果。

表 4-2　动机评估量表[①]

姓名：		性别：　□男　□女			年龄(或年级)：		
评估者(与受评者关系)：			评估日期：　　年　　月　　日				
目标行为：							
此目标问题行为持续多久：□一个月内　□三个月内　□半年内　□半年以上							
题项	从不	几乎没有	很少	时常	经常	几乎总是	总是
1. 如果让他长时间独处，他是否会持续做出该行为？	□	□	□	□	□	□	□

---

　　① 徐景俊，贾海玲，段为民．特殊儿童康复概论[M]．重庆：重庆大学出版社，2023：252-253．

问题							
2. 在要求他完成一个较困难的任务时，他是否会做出该行为？	☐	☐	☐	☐	☐	☐	☐
3. 你在房间或某个地方与他人交谈时，他是否会做出该行为？	☐	☐	☐	☐	☐	☐	☐
4. 你告诉他不能获得玩具、食物，或者不能进行某种活动时，他是否会做出该行为？	☐	☐	☐	☐	☐	☐	☐
5. 如果他长时间独处，该行为是否会反复出现，持续很长时间？（如前后摇晃超过一小时）	☐	☐	☐	☐	☐	☐	☐
6. 在向他提出需求时，他是否会做出该行为？	☐	☐	☐	☐	☐	☐	☐
7. 你停止关注他时，他是否会做出该行为？	☐	☐	☐	☐	☐	☐	☐
8. 你拿走他最喜欢的食物、玩具，或者终止他最喜欢的活动时，他是否会做出该行为？	☐	☐	☐	☐	☐	☐	☐
9. 你觉得他喜欢该行为吗？（这种行为会感觉、尝起来、看起来、闻起来、听起来令人愉悦）	☐	☐	☐	☐	☐	☐	☐
10. 你让他按你的要求做事时，他是否会做出该行为，让你厌烦或生气？	☐	☐	☐	☐	☐	☐	☐
11. 你不注意他时，他是否会做出该行为，让你厌烦或生气？（如你在另一个房间或与另一个人交流）	☐	☐	☐	☐	☐	☐	☐
12. 你给他想要的食物、玩具，或者让他进行想要的活动时，他是否会停止做出该行为？	☐	☐	☐	☐	☐	☐	☐
13. 他做出该行为时，不管周围发生了什么事，都看起来很平静？	☐	☐	☐	☐	☐	☐	☐
14. 你停止与他合作或停止对他提出要求后（1~5分钟），他是否会停止该行为？	☐	☐	☐	☐	☐	☐	☐
15. 他做出该行为，是否是想留住你和他一起度过一段时间？	☐	☐	☐	☐	☐	☐	☐
16. 他被告知不能做他想做的事情时，是否会出现该行为？	☐	☐	☐	☐	☐	☐	☐

发现孩子行为背后的秘密

2.描述性分析

描述性分析包括直接观察法、散点图（分时间段分析问题行为）、ABC行为功能分析法等。

直接观察法即在自然情境下，评估者观察个体的问题行为（或行为的先前事件和结果），并对观察得到的相关信息予以记录，如问题行为发生的持续时间、强度、频率等。

散点图将个体在某一时间段内的行为以图表的方式呈现出来，这种方法对分析个体问题行为发生情境中的有关环境变量具有较好的效果。具体步骤主要包括：第一，将观察时间按照自己的需要进行划分（如15分钟、30分钟等）；第二，将发生在对应时间段内的行为记录在相应位置；第三，观察一段时间后，会发现问题行为多出现于一天中某些特定时间段；第四，根据散点图呈现的内容，分析特定时间段内存在的具有特殊性的因素，包括但不限于特殊人员、活动或刺激等。

ABC行为功能分析法是最常用的描述性分析方法，它用ABC分析表的方式显示激起该行为的先前事件（Antecedent）、行为（Behavior）和行为结果（Consequence）等因素间的关系。通过ABC分析对问题行为功能的判断，事实上仅是对问题行为功能的假设。如果个体问题行为的结果一致性较差，所提出的行为功能假设需要进一步通过对某些环境变量的控制进行验证，才能真正确认问题行为的功能。

3.功能分析

功能分析，是一种通过控制与行为有关的先前事件和行为结果，并对行为与环境变量之间的关系进行验证与排除的实验方法。基于评估的结果，评估者可以对问题行为功能进行假设，然后运用功能分析方法确定问题行为功能。

标准化的功能分析方法有四个实验情境：关注、要求、独自一人及游戏，通过分析比较个体在这四种实验情境中的问题行为表现，确定其行为功能。下面对四种实验情境进行简要介绍：（1）关注的情境是指问题行为之前不给任何关注，当问题行为发生之后，评估者给予回应，这主要是为了测试问题行为是否具有社会性正强化功能；（2）要求的情境则是先对儿童进行要求（如给予一个较难的任务，提出一个问题等），在此过程中，问题行为出现后，要停止要求，以测试问题行为是否具有社会性负强化功能；（3）独自一人的情境则是要求儿童独自一人待在一个空间内，来测试自动化强化功能；（4）游戏的情境是与儿童做游戏，为儿童提供愉快的互动，以此来对照前三种情境，用于评估问题行为是否减少，以明确在前三种情境中是否存在特定的环境触发。

第二节　功能性行为评估的应用案例

杨娟等在幼儿园自然教学情境下对一名幼儿的课堂离座行为进行功能分析，并以此为依据制定了积极干预的策略。在该研究中，离座行为指的是非适当的离座行为，即出于非任务目的而离开自己座位的行为。个案基本情况：小禾（化名），男，3岁，幼儿园小班。小禾具有较为严重的问题行为，包括拒绝听从教师安排，上课或活动时推搡周围同学，甚至抢夺同学的物品。研究人员发现小禾所表现出来的频率较高的问题行为主要有两类，分别是不遵守规则和攻击性行为，且二者之间存在一定相关关系。整个问题行为功能评估包括三部分：描述并确定需要干预的问题行为；问题行为功能评估、验证及干预（替代行为教育）；引发行为改变，提供积极行为支持。①

---

① 杨娟，朱宗顺，曹漱芹. 基于功能性行为评估的幼儿课堂离座行为个案研究[J]. 中国特殊教育，2012(11)：18-24.

一、描述并确定需要干预的问题行为

通过对小禾在每日上午故事课上的表现进行为期 5 天的观察后，研究人员对小禾所表现出来的问题行为和对应频次进行了统计。研究人员发现小禾所表现出来的频率较高的问题行为主要有两类，即离座行为和攻击性行为，且二者之间存在一定的相关关系：离座行为次数减少的同时，攻击性行为的发生次数也会相应减少。原来，小禾离开座位之后，有时只是拖着椅子绕着教师转，在讲台边停留；可有时他却去推搡身边的同学，攻击性行为也就是在这时发生的。

研究人员在取得教师和家长的同意后，对小禾每天上午故事课上的离座行为进行为期两周的非参与式观察，并利用 ABC 行为观察表、儿童离座行为次数表记录小禾在观察期内发生问题行为的次数，同时，观察并记录小禾每次发生问题行为之前的先前事件和之后的后果，对相关事件的主要功能进行分析和记录。

二、问题行为功能评估、验证及干预(替代行为教育)

研究人员通过分析 ABC 行为观察表后发现，小禾的问题行为并不是随机发生的，而是会在教师提出要求，教师表扬其他同学，他受到教师批评，需要调整座位等特定情境下出现。小禾离座行为的 ABC 行为观察表部分内容见表 4-3。

表 4-3　小禾离座行为的 ABC 行为观察表部分内容

A	B	C
教师分发故事书	小禾自行离座，从教室后方拿玩具	教师专注课堂任务，小禾拉扯周围同学一起玩
教师带领同学们排队去操场活动	小禾自行离队去玩滑滑梯	小禾在滑梯上推搡其他儿童，教师将小禾领回队伍

A	B	C
教师在活动总结时强调安全，批评小禾不遵守纪律	小禾跑出教室	教师将小禾带回教室时，小禾拒绝回教室并推搡教师

研究人员分析小禾离座行为的先前事件，发现问题行为的前因包含物理环境和社会环境两个方面。物理环境方面的具体因素包括座位统筹不科学、教学方式与学生注意力发展规律不相符、分散注意力的事物较为明显。社会环境方面的因素有教学要求与小禾学习方式差距大、教师习惯使用批评来制止学生的不当行为、学生未感受到足够的归属感。

研究人员分析小禾离座行为的后果功能，对其问题行为功能进行假设：第一，以逃避厌恶刺激为行为结果的离座行为（离座后，教师会停止对他的批评），其行为功能为负强化；第二，以获得需要满足为行为结果的离座行为（离座后，可以去找自己喜欢的玩具和图书），其行为功能为正强化；第三，以获得他人（教师、同学）关注为行为结果的离座行为（离座时，教师会关注他，同学视线也聚焦于他），其行为功能为正强化。

确定问题行为功能假设后，研究人员采用倒返实验设计（AB—AB 模式），控制教学内容呈现方式和教师关注水平两个变量，得出结果显示上述行为功能假设正确。

三、引发行为改变，提供积极行为支持

研究人员分析小禾的问题行为及其与周围环境或相关事件的作用关系，通过调整环境和情境来引发被试的行为改变，并为其行为转向提供正向行为支持。

1. 先前事件控制策略

先前事件控制策略指对诱发问题行为的物理性环境和社会性环境展开调整。

物理性环境的调整可从三方面展开。第一，调整座位，将小禾的位置安放在教师对面。第二，处理易导致分心的事物，把小禾感兴趣的图书、玩具放进储物柜，或使用帘子遮住。第三，调整语言刺激与学具的呈现顺序，让教师上课时先发放学具。

社会性环境的调整可从三方面展开。第一，创设正向、包容的情感环境。一方面，教师在教学中积极关注小禾的行为表现，并在小禾遵守纪律或用心听讲时给予言语关怀和物质奖励，强化良好行为；另一方面，减少负向反馈，当小禾出现问题行为时，教师放弃采取点名批评的方式，改为谈话的方式让小禾认识到他的问题。第二，创造更多互动环节。教师拜托小禾做教学帮手，请他协助收发学习材料。此外，教师根据小禾的发展情况设计合适的问题和活动，请他参与这些教学环节并得到能力展示，在提问时与他进行目光接触。第三，调整任务。一是设置分层作业，根据小禾的个性发展计划调整作业难度，同时要清晰、平静、和缓地给出指令或布置作业任务；二是在开展独立作业时，教师对小禾额外关注，通过言语关怀、眼神鼓励等方式给予小禾支持。

2. 结果事件控制策略

一是提示策略。针对小禾离座行为的特点，当先兆行为出现时，教师立即用手环抱他，告诉他"不许这样做"，待他身体放松后，要求他完成任务才能离开座位。

二是正强化与消退相结合。一方面，要加强正强化，当小禾出现良好行为时给予有效强化物，如让其获得食物、玩具、表扬和夸赞，或参与感兴趣的活动等；另一方面，要结合消退，当小禾出现问题行为时，取消对他的关注。例如，小禾在课堂上为博取关注或是寻找有趣的事而离开座位，扰乱秩序时，教师应立即将其带回座位，维护秩序，不给或少给反馈；当其回到座位时，立即给予正向强化，给予积极反馈或是物质奖励。

三是代币制。教师以带有小禾名字的大拇指彩色图片为代币，每节课给他 5 个代币。如果他离开一次，教师就拿走一个代币。代币可以用来购买小禾感兴趣的事物（如食物、玩具或玩耍时间）。同时，教师要根据小禾的进步情况不断提高标准。

第五章　预防问题行为的策略之一
——提高家长自身修养

第一节　控制情绪

 案例1　抑郁的小雪

才上三年级的小雪被诊断为中度抑郁症，这让小雪家长有点难以接受。因为此前小雪一直是一个活泼开朗的孩子，他们从来没有想过孩子会患上抑郁症。几轮治疗下来，他们逐渐了解到孩子之所以患上抑郁症，都是因为他们。原来前段时间他们因为工作的原因，多次吵架，双方情绪一直都比较低沉，只是他们从来没有想过他们低沉的情绪会对孩子造成这么大的影响。

 案例2　胆小的小勇

张先生最近很是苦恼，因为他发现5岁的小勇似乎过于胆小。小勇自己说话的时候从来不敢大声，而且其他人说话声音一大，小勇就会受到惊吓，会呆愣片刻。他为儿子取名小勇，希望儿子能够是一个勇敢刚毅的人，但现在好像恰恰相反。他和妻子都是性子火暴、脾气急躁的人，为什么偏偏儿子唯唯诺诺，这么胆小呢？

案例3　不愿回家的晴晴

临近中考，晴晴的家长发现晴晴回家的时间越来越晚，开始他们以为晴晴是在学校学习。偶然的机会，他们发现晴晴放学后并没有学习，而是在学校或是在街上晃悠。于是，他们质问晴晴为什么放学不早点儿回家学习，想不到晴晴冲他们喊叫道："我就是不愿意回家，不想听你们天天念叨让我好好学习，不想听你们说如果我考不上高中就怎么样……"

也许你也会像小雪家长一样惊讶，像张先生一样疑惑，像晴晴家长一样不知所措。其实，面对孩子的一些行为，家长也要学会反思自己，尤其是反思自己对待孩子的情绪。如小雪的家长要反思是不是自己低沉的情绪对孩子造成了伤害；张先生要想想是不是自己和妻子暴躁的情绪给孩子留下了阴影；晴晴的家长则要考虑是不是他们过于焦虑，才给了孩子压力。不良的情绪，是最容易给孩子带来伤害的。因此，家长最重要的必修课之一就是要学会控制自己的情绪。

一、家长情绪对孩子的影响

关于情绪，在心理学界有很多不同的定义。阿诺德（Arnold）认为情绪是对趋向知觉有益的、离开知觉有害的东西的一种体验倾向。拉扎勒斯（Lazarus）主张情绪是来自当下的环境中的或好或坏的信息的生理和心理反应的整合，并且依赖于短时或持续的评价。我国心理学专家孟昭兰则将情绪定义为"情绪是多成分组成、多维量结构、多水平整合，并为有机体生存适应和人际交往而同认知交互作用的心理活动过程和心理动机力量"①。

---

① 孟昭兰. 情绪心理学［M］. 北京：北京大学出版社，2005：6.

如果具象一些，像我们生活中经常会遇到的愤怒、暴躁、忧伤、焦虑、快乐等，都是情绪的体现。

情绪作为人类的一种重要的心理状态，对人的生理和心理都产生着重要作用。如情绪暴躁的人，血压通常会较高，进而加速脑部衰老；经常情绪低落的人，更容易患上抑郁症。此外，情绪不仅影响个体，也会影响个体周围的人。尤其是在家庭中，家长的情绪表现往往对孩子有着更加直接的影响。已有研究表明，家长的情绪直接影响着孩子的情绪调节能力、性格形成和行为表现。

家庭系统是孩子接触的第一个生态系统，孩子最初的情绪调节能力就是从家长情绪表现中学习而来的，因此家长的情绪调节能力直接影响着孩子的情绪调节能力。案例1中，小雪的情绪调节能力显然是存在一定问题的。本是活泼开朗的女孩子，但只是因家长低沉、压抑的情绪影响而逐渐患上抑郁症，听起来似乎有些不可思议，让人们不禁思考：孩子的情绪调节能力怎么会这么弱呢？在这个案例中可以看出，小雪家长本身似乎不是特别会调节情绪，因此小雪可能也没有很好地从他们那里学习到情绪调节的方式方法。家长不能指望孩子自己能够消化一切。家长作为成年人都不能很好地调适自己的情绪，何况是孩子呢。

此外，家长的情绪对孩子性格的形成也产生着不可估量的影响。孩子具有个性差异，并且能发挥其主观能动性，所以家长同一类情绪可能会促使不同孩子发展出差异化的性格特征。这一点在负面情绪方面的表现更为明显。例如，同样面对脾气暴躁、情绪容易失控的家长，有的孩子可能会形成急躁的性格，缺乏必要的人际交往技能，这是因为受到家长"榜样示范"的影响，孩子简单模仿，认为急躁是解决问题的正常方式；有的孩子会变得胆小懦弱、缺乏安全感，这是因为这类家长多信奉"棍棒底下出孝子""不打不成才"，孩子长期暴露在家长的语言暴力或行为暴力之下，不愿意面对困难和挑战，缺乏自主能力和意志力。案例 2 中的小勇性格胆小，可能就是由于张先生和妻子脾气都比较火暴，容易情绪暴躁。经常处于这种情绪压力下的小勇不得不小心翼翼，以防惹得家长更加暴躁。孩子对家长情绪的感受，其实比我们想象的要更加敏感。

如果说家长对孩子情绪调节能力和性格形成的影响是通过内隐的方式进行的，那家长情绪对孩子行为的影响则是外显的，通常以更加激烈的方式呈现出来。在案例 3 中，晴晴放学在外晃悠和被质问后的情绪爆发，皆是对家长焦虑情绪的反抗。焦虑情绪其实是会传染的。晴晴家长经常展现出对中考的焦虑，也会引起晴晴的焦虑。面对越来越多的焦虑，晴晴感到很无力，只能用消极的情绪来应对。很多时候，孩子的问题行为都是在家长的不良情绪中形成的。

二、家长控制情绪的方法

于孩子而言，家长愉悦、平静、放松等良好情绪是良药，能够从心灵上治愈孩子；而暴躁、焦虑、抑郁、冷漠等不良情绪则是毒药，会逐渐荼毒孩子的身心健康。因此，为了自己的身心健康，也为了更好地养育孩子，家长也需要了解并学习一些控制情绪的方式方法。

(一)认知改变法

认知改变指通过改变个人对事件的看法，从而调整情绪。这种方法常用于心理治疗。通俗地讲，家长应该善于从问题中寻找孩子发展的契机，努力发现孩子的闪光点。

发现孩子在白墙上乱写乱画，你想发火的时候，不妨告诉自己"没关系，就当让孩子练习画画了"，甚至可以和孩子一起欣赏"画作"或对孩子的"画作"进行一番品评。发现孩子这段时间成绩下降得厉害，你很生气时，可以告诉自己"这次的退步是为了下次更好地进步，下次会考好的"，

发现孩子行为背后的秘密

说服自己后，也可以鼓励一下孩子，告诉孩子"相信你下一次会考好的"。当孩子面临重大考试，你很忧虑时，暗示自己"忧愁于事无补，不如相信孩子、支持孩子，做孩子最坚强的后盾"。自我说服并不是自我欺骗，而是暗示自己换一种角度看待事情。每当你情绪上来时，先跟自己"交流"一下，调整自己对事情的认知，也许会有不一样的收获。如此一来，情绪控制住了，你还可以跟孩子增进感情，何乐而不为呢？

(二)注意力转移法

注意力转移，指人有意识地将自己的注意力从当前的对象转移至另一对象。通过注意力转移的方法，可以使情绪得到有效调节。

数颜色法是注意力转移法中行之有效的一种方法。该方法由美国心理学家费尔德曼（Robert S. Feldman）提出，当你感到愤怒、烦躁，想发脾气时，如果可能的话，可以暂停你手中的工作，自己找个没人的地方做下面的练习。先环顾四周的景物，然后在心中自言自语：那是一面白色的墙，那是一张浅黄色的桌子，那是一把棕色的椅子，那是一个绿色的文件柜……一直数到第十二种事物的颜色，大约数三十秒，你之前的情绪就能得到有效缓解。当你看到原本应该在房间写作业的孩子，却偷偷在玩手机，你怒火冲天时，可以躲到书房或卫生间数颜色，平复情绪。这种方法看似有些荒谬，其实它的原理是用生理反应控制情绪。当人发怒生气时，肾上腺素的分泌会使肌肉拉紧，血流速度加快，从而使生理上做好了"攻击"的准备，同时理性思考的能力会减弱，某些生理功能（如视觉、听觉等）也会被暂时削弱。这个时候去数颜色，会强迫自己运用视觉功能，这样大脑也会逐渐恢复理智。下次，当你生气时，可以试试数颜色法。

当然，你也可以选择做其他事情来控制你的情绪，如用听音乐、洗衣服、收纳整理等方法来转移注意力。

(三)运动疏解法

运动是疏解不良情绪最好的方法之一,很多研究都持此观点。实践证明,人在运动时,会促进肾上腺素和多巴胺的分泌,从而帮助改善不良情绪。当你情绪不好的时候,很容易怀疑甚至否定孩子的行为及孩子本身,家长的怀疑和否定会对孩子造成不可逆转的伤害。假如这段时间由于与爱人吵架,你的情绪一直比较低沉,看到孩子不收玩具、不认真写作业、不好好吃饭,总想斥责。这个时候最好寻找一种自己比较喜欢的运动去做,疏解自己压抑的情绪,否则会"误伤"孩子。家里的两个孩子吵架时,你试图让他们停下来,但没有效果,你感到非常生气。这时,你可以选择退出"战场",到广场上跑跑步,或是跟别人打打球,不良情绪自然会得到缓解。

(四)睡眠缓解法

研究表明,睡眠也是一种很好的缓解不良情绪的方法。当人焦虑、抑郁或愤怒时,身心会更容易疲惫。如果处理不好自己疲惫的身心,人会陷入由不良情绪和身心疲惫组成的循环怪圈。因此,当你感觉到自己的情绪不好时,可以避免接触孩子,自己回到卧室美美地睡一觉。当人在睡觉时,清醒状态下受到抑制的潜意识有时候可以通过梦境得到良好的发泄,这样心情就会放松很多。当你下班回到家,看到孩子拿回来的不那么"好看"的成绩单,忍住不要骂孩子,甚至可以什么都不要说,自己先好好睡一觉,也让孩子先好好睡一觉,待第二天再谈论这件事情。第二天你会发现自己变得更客观,从多角度思考孩子成绩下降这件事情,也更容易心平气和地跟孩子沟通。当然,不是所有教育孩子的事情都能靠"做梦"解决,但是"做梦"在很多时候确实可以帮助我们稳定情绪。

(五)倾诉表达法

家长是独立的个体,有情绪是正常的,也是必需的。遇到不良情绪时，向他人倾诉、表达自己的情绪是一种十分有效的手段。当在教育孩子上遭遇挫折、情绪低沉时，你可以跟自己的朋友倾诉一下，也许朋友不能帮你解决问题，但只是静静听着，你也会感到放松很多。如此一来，你的不良情绪发泄到孩子身上的可能性就会变小。除了跟亲朋好友倾诉表达，你也可以直接跟孩子表达自己的情绪。当你带着一身烦躁下班回到家，孩子非要吵着要你陪，你忍不住想斥责孩子时，你可以跟孩子讲一讲你的情绪状态，如可以告诉孩子自己有点儿累，等稍微休息一下再来陪他。让孩子明白你的情绪状态，也许你会发现孩子不会再吵闹，反而会安慰你。

家长总是以为孩子什么都不懂，有什么事情跟孩子说了也无济于事。但事实上，孩子并不是我们想象的那么"无知"，家长不妨适当向孩子表达一下自己的情绪，甚至可以展示自己软弱的一面，这样反而有利于孩子正确面对自己的情绪并调节自己的情绪。虽然家长的情绪对孩子有重要影响，但并不意味着家长就不能在孩子面前有情绪。因此，必要的时候，家长可以通过适当的方式向孩子表达自己的情绪。

需要引起注意的是，在对孩子倾诉时，家长应该把握好"度"。如果家长过于频繁地向孩子诉说自己的烦恼（对孩子的感觉除外），如烦琐沉重的工作、一地鸡毛的婚姻生活等，面对这些远远超过孩子认知范围的烦恼，孩子很可能会感受到本不属于自己的压力，从而感到不堪重负。

思考一下：

在与孩子的日常"较量"中，你通常是怎样控制你的情绪呢？

第二节　关注和满足自身需求

一、关注和正视需求

 案例1　想睡好觉的爸爸

李先生两岁半的女儿最近总是习惯白天睡觉，夜里玩耍。为了更好地陪伴女儿，李先生坚持在女儿夜里玩时陪在身边。由于李先生白天还要上班，时间一长，李先生便陷入纠结之中。他非常想多多陪伴女儿，但同时，又非常想睡个好觉……

案例2　梦想接力战争

王女士非常喜欢芭蕾舞，从小就梦想自己可以做一名芭蕾舞者，但由于种种原因，一直没有学成芭蕾舞。于是有了女儿后，王女士就将她的梦想寄托在女儿身上，希望女儿能够成为一名芭蕾舞者。然而，女儿并不喜欢芭蕾舞，甚至很抗拒芭蕾舞。为此，王女士家中经常因为女儿跳芭蕾舞的事情发生争吵。

陪伴孩子固然重要，但牺牲睡眠时间来陪伴孩子并不可取；希望孩子有才艺是一回事，但这并不代表就可以强迫孩子帮助自己实现儿时的梦想。在这些案例中，家长们的出发点都是好的，但在"为孩子好"的同时似乎都忽略了自己或者说是忽略了自己的需求。每一位家长，都首先是个体的人，其次才是家长。只有很好地体验和满足自身的需求，才能很好地识别孩子的需求，促进孩子健康快乐成长。所以，在关注孩子的问题行为之前，家长需要关注到自身的需求。因为当你向别人（孩子）付出，满足他们的需求而不考虑自身需求时，会感到空虚和疲惫，无力再付出。家长只有充分认识到自己作为独立个体时的需求，才能给自己补充精力和能量，以继续做身为家长需要做的事情。因此，鼓励家长认识到自身需求，避免一味地迁就孩子，是引导孩子问题行为的首要原则。

家长之于孩子，并不意味着"牺牲"，这要求家长不仅要学会识别和正视自己的需求，还要尝试体验和满足自己的需求。

根据马斯洛的需求层次理论，作为人类个体的家长有属于自己的需求是十分正常的，应该被接受和正视。例如，案例 1 中的李先生其实并不需要过分纠结，虽然陪伴孩子很重要，但更应该先照顾自己的睡眠需求；而在案例 2 中，对自己的理想，王女士不是想办法满足自己的自我实现需求，而是试图将自己的需求转嫁给女儿，才导致了家庭战争的爆发。

家长的需求满足与否，与养育孩子有哪些关系呢？很多家长将孩子的需求摆在自身需求前面，将满足自身需求所需的时间和精力让渡给孩子，这不仅不能带来预期效果，甚至可能适得其反。家长都知道准确、迅速识别和正确处理孩子的需求十分重要，但是却忘了识别和处理自己的需求也同样至关重要，甚至，家长需求的满足是孩子需求满足的前提。案例 1 中的李先生如果能够在晚上好好休息，保持良好的身体和精神状态，而不是一味地想着多陪伴女儿，也许他会有更多的精力去思考女儿白天睡觉和晚上玩耍的原因，并帮助女儿恢复正常的作息规律。案例 2 中的王女士如果能够尝试去学习芭蕾舞，体验和满足自己的需求，也不会忽视女儿的感受而引起女儿的不满。家长体验和满足自身需求，有助于处理孩子的挑战性行为，帮助孩子实现自己的需求。

总之，养育孩子的过程就是家长不断向孩子给予"养分"的过程。如果家长不能很好地满足自己的需求，让自己"养分"充足，那必然给予孩子的就很有限。

思考一下：

1. 家长需求与家庭教育有哪些具体关系呢？

2. 作为家长，现阶段你在哪些方面的需求没有得到满足？

3. 对于这些没有得到满足的需求，你的感受怎么样？有哪些表现？

4. 你认为哪些因素会阻碍你对自身需求的满足？

二、体验与满足需求

既然家长需求与孩子教育息息相关，究竟我们如何才能识别自己的需求，并体验和满足自身的需求，为孩子创造一个良好的教育环境呢？其实家长不妨尝试一下需求满足"三步曲"：第一步，识别分析需求；第二步，尝试体验需求；第三步，充分满足需求。

(一)识别分析需求

识别分析需求是第一步，也是最难的一步。由于种种原因，很多家长习惯"沉浸式带娃"，将所有心思放在孩子身上，忽略自己的需求甚至失去自我。在这种情况下，孩子的行为表现一旦不符合家长的心理预期，就会出现亲子冲突或是家庭矛盾。基于此，家长应该及时识别分析自己的需求，以防止亲子冲突。对自己需求的识别，家长可以尝试以下三种方法。

1. 笔记法

对自己的需求，自己在情绪上是最先能感知到的，但有些时候往往不能及时捕捉到，这个时候可以运用记笔记的方法来记录情绪和需求。记录的重点可以放在和孩子相处的点滴上，尤其是与孩子相处的过程中一些不是特别愉快的经历和感受。例如，当你因为孩子练习芭蕾舞的事情和孩子反复争吵，你可以将你们争吵时你和孩子说得最多的话、争吵后你的感受、孩子的表现等一一记录下来。当你记录得比较多的时候，会从中逐渐识别出自己的需求。

练一下：

当你不知道如何记录自己的需求时，不妨从以下几个维度进行吧。

	工作方面	亲子关系	夫妻关系
生理需求			
安全需求			
归属与爱需求			
尊重需求			
自我实现需求			

2. 谈话法

这里的谈话主要指跟孩子的沟通。孩子敏锐的洞察力和判断力经常令我们惊叹。有时候成年人百思不得其解的事情，孩子往往能够"一语惊醒梦中人"。人的需求无法得到满足时，会不经意间在行为表现和言语中流露出遗憾或是抱怨等情绪，这些情绪往往也会在与孩子相处的过程中流露出来。家长不妨尝试将孩子放在与自己平等的位置，多与孩子沟通和交流，尤其要认真虚心地倾听孩子对自己的一些看法及建议。当然，这里的"谈话"主要围绕亲子关系，并不建议涉及对孩子来说比较沉重的工作及婚姻生活。通过这样有目的地与孩子沟通交流，家长在了解自己需求的同时，也可以了解孩子的需求。

小建议：

如果你不知道如何有效跟孩子谈话以"打探"自己的需求，不妨围绕以下思路开展交流。

1. 你可以跟爸爸/妈妈分享一下你最近遇到的好玩的事情吗？

2. 除了好玩的事情，你最近有遇到烦心的事情吗？

3. 爸爸/妈妈最近有件特别烦心的事情，你能帮我分析一下原因吗？

4. 你认为爸爸/妈妈可以做些什么来忘掉这件烦心的事情？

5. 非常感谢你的帮助，那今后还要麻烦你帮助爸爸/妈妈一起忘掉这件烦心的事情。

6. 如果你遇到烦心的事情，也可以找爸爸/妈妈帮忙哟。

3. 专业咨询法

当个人需求，尤其是心理上的需求，如被爱的需求、被尊重的需求严重缺失时，会产生一定程度的心理问题。这个时候如果自己无法识别自身需求，身边的人也无法帮助自己满足自身需求时，就需要求助专业人士，如家庭教育指导师等。家庭教育指导师通过一定的技巧可以帮助我们全面认识自己当前所面临的问题，准确帮助我们找出自身需求。咨询专业人士，并不代表我们作为家长的"无能"，恰恰反映出了我们对家庭教育的重视。因此，在家庭教育中，无论是家长自己遇到问题，还是孩子遇到问题，都不要羞于求助专业人士。

思考一下：

1. 你通常通过怎样的方式识别自己的需求？

2. 当家庭教育出现问题时，你通常会在自己还是孩子身上寻找原因？

(二)尝试体验需求

由于很多需求的满足不是一朝一夕能够实现的，甚至有些需求在某种意义上并不能完全满足，这个时候家长可以给自己和孩子一些缓冲时间，尝试体验一下自身的需求。

首先，家长针对个体自身能够满足的需求，如睡眠需求、交友需求等，可以先尝试迈出自己的第一步。案例 1 中的李先生如果对自己无法陪伴女儿心存愧疚，可先尝试每晚睡两到三个小时。当没有人陪伴的时候，孩子也许会自己睡一段时间，这样李先生既可以适当满足自己的睡眠需求，也可以帮助孩子纠正睡眠习惯。

其次，家长对需要他人帮助才能满足的需求，应该多与家人尤其是孩子沟通，让其了解自己的需求，从而帮助自己满足需求，如尊重的需求、爱的需求等。

此外，家长在尝试体验需求的时候也要注意两点。第一，把握好度，要明确自身尝试体验的程度，尤其不宜太过激进；第二，保持良好的心态，在尝试体验需求之前就要有充分的心理准备，如果在尝试体验之后发现不是自己想要的，也要坦然接受，而不是自我怀疑。

(三)充分满足需求

在初步尝试体验需求之后，家长针对自身的实际情况，可以去充分地满足需求，并且在满足需求的过程中需要遵循两大原则：第一，实施计划，做出改变；第二，让孩子监督，验收成果。

所谓"实施计划，做出改变"，要求在确定要充分满足自身的需求之后，就要明确具体计划，对自身需求的满足过程有比较清晰的认识，并且切切实实行动起来，做出改变。

"让孩子监督，验收成果"原则指在做出改变的过程中，需要寻找一个监督者来验收自身的改变，做出评价。在这里，这个监督者最好是孩子，适当地赋予孩子一些"管教"家长的权利，在增进亲子关系的同时提高孩子对自身需求的认识。例如，在案例 2 中，王女士可以与女儿互换一下角色，自己去练芭蕾舞，还可以与女儿一起制订练习计划，明确练习半蹲、全蹲、小踢腿、击打等动作的时间和标准，并请女儿监督自己的练习过程。

女儿在行使监督权利的过程中，会重新认识母亲，也会重新思考自己、母亲和芭蕾舞之间的关系。如此一来，母亲既满足了自我实现的需求，又改善了亲子关系，同时缓解了女儿对芭蕾舞的排斥情绪，可谓是"一举三得"。

孩子的存在绝不仅是为了满足家长的愿望和期待，他是一个独立完整的人。同样，家长的存在也绝不仅是为了养育孩子，作为独立完整的人，家长自身的需求也应该得到充分的尊重和重视。

 练一下：

1. 结合自身情况，参照需求满足"三部曲"，与孩子一起制订一个识别、体验和满足需求的计划。

2. 请记录你识别需求、体验需求和满足需求的过程及这个过程中亲子关系的变化。

第三节　4个关键C方法的应用
——支持孩子的游戏与活动

 案例1　贪玩的亮亮

亮亮妈妈最近有些焦虑，因为她发现，同样都是5岁，隔壁的童童已经认识300多个字，能背出几十首古诗，然而自家儿子似乎只知道玩：自己一个人的时候玩积木，爸爸有空时和爸爸玩角色扮演，跟小区小朋友玩捉迷藏……在亮亮妈妈看来，亮亮似乎有些贪玩。于是她下决心禁止亮亮再继续玩下去，并且让他一有时间就"学习"。

 案例2　最小黑客汪正扬

2014年，在中国互联网安全大会上，13岁的汪正扬被认定为中

发现孩子行为背后的秘密

国最小黑客。其实，这名小黑客对计算机的兴趣源于"偷菜"游戏。在上小学二年级的时候，玩了半年"偷菜"游戏的他感觉只"偷菜"没有意思，开始尝试编写一些小程序，并在家人的支持下开始办网站，之后作为最小的黑客被人们所认识。

如亮亮妈妈一样，很多家长不想让孩子参与过多游戏与活动，担心"玩物丧志"。当然，几乎所有家长都希望孩子如汪正扬一样，能在游戏中发现自己的爱好，不断在"玩耍"中找到人生的方向。其实，面对游戏与活动，家长不必过度担心，也不必焦虑，更不需要期待太高，只需要用平常心做到一件事即可：支持孩子的游戏与活动。

一、游戏与活动对孩子成长的重要作用

游戏是儿童生活中不可缺少的一部分，是由儿童内在需要引发的愉快的活动，是儿童体验快乐，寻求满足，获得身心发展的重要途径，对儿童具有特殊的价值。① 具体而言，游戏与活动对孩子具有以下重要作用。

1. 游戏与活动可以促进孩子身体机能的发展

在很多游戏与活动中，孩子可能需要跑、爬、跳、走、扭、拽等行为才能实现游戏与活动的目的。在跑、跳等行动中，孩子的肢体控制能力、运动能力都会得到增强。另外，即使是几乎没有运动量的游戏(如搭积木等)中，孩子通过动手也能锻炼其操作能力，提高手眼协调性。

2. 游戏与活动可以促进孩子语言能力的发展

游戏与活动，具有互动性、规则性、益智性等特征。在游戏中，孩子通常会有语言沟通、模仿，甚至在一些游戏与活动中，还需要伴随着语言

---

① 唐敏．儿童游戏教育存在的问题与教育策略[J]．教学与管理，2011(27)：15-16.

才能进行。在这样的过程中，孩子可以进行语言表达和理解的练习，增加词汇量，学习表达技巧，提高语言能力。

3. 游戏与活动帮助孩子了解世界，提高认知能力

游戏与活动作为孩子生活的主要内容，是帮助孩子了解世界的主要途径。如通过户外游戏，孩子可以认识花草树木，初步认识大自然；通过角色扮演等游戏，孩子会发现自己与他人角色的不同，逐渐认识自己和他人；通过多人集体游戏，孩子会了解规则、交往、协作的重要性，认识规则世界，提高孩子的认知能力。

4. 游戏与活动可以激发孩子好奇心，培养创造力

心理学家认为儿童的创造力即"回忆过去的经验，并对这些经验进行选择、重新组合，以加工成新的模式、新的思路或新的产品的能力"[①]。可见，孩子在进行创造性的活动过程中，不仅需要吸收过去的经验，而且需要将自己的想象表达出来。在形式上，游戏与活动既包含现实的生活影像，也包含想象的成分，是培养创造力的重要手段之一；在内容上，游戏与活动通常与发现问题、解决问题等内容密切相关，能够很好地激发孩子的好奇心，培养其创造力。例如，在"造房子"的家庭积木游戏中，你搭的房子倒塌时，你可以让作为"小小工程师"的孩子帮你一起分析房子倒塌的原因，甚至可以请孩子帮你重新设计一座房子。在这个游戏中，孩子可以充分展现自己的想法，大胆探索。为了能够实现游戏目的，帮爸爸或妈妈造好房子，孩子会碰到各种各样的问题。针对遇到的问题，孩子会展开积极思考，努力去解决问题。正是在发现问题、思考问题、解决问题的过程中，孩子不断体会游戏的乐趣，也在无形当中提高了创造力。

5. 游戏与活动可以为孩子提供社交平台，促进社交能力发展

游戏研究先驱约翰·胡伊青加（Johan Huizinga）曾在《人：游戏者》一

书中指出，人类文明最初是在游戏中游戏出来的，游戏是人类文明的土壤。① 可见，孩子的活动本质上源于游戏，同时游戏也为孩子提供社会交往的平台。

孩子成长的过程，也是一个社会化的过程，家长需要有意识地为孩子提供良好的社交平台，从而帮助孩子实现社会化。对家长而言，游戏与活动便是最好的选择。首先，游戏与活动可以帮助孩子走出家庭，孩子接触的人不再只是家人，生活中开始出现"其他人"，这无疑是孩子实现社会化的第一步。其次，在游戏与活动中，尤其是在集体游戏中，孩子作为成员，需要遵守游戏规则、与他人交流、与他人配合。在这个过程中，孩子的社会交往能力不断得到提高。即使是在孩子独自游戏或活动中，如孩子自己与娃娃玩，也能够很好地锻炼其社会交往能力。很多家长可能会发现，孩子经常会将娃娃"拟人化"，如和娃娃说话、给娃娃穿衣打扮等，这其实也是一种社会交往能力的展现。孩子在一次次游戏与活动中，通过与他人相处，不断认识自己及自己的行为，不断积累社会交往经验。

思考一下：

1. 你认为游戏与活动对孩子还有哪些意义？

2. 你能想到几种不同类型的游戏？你希望孩子玩哪种类型？为什么？

二、4 个关键 C 理论的应用——支持孩子的游戏与活动

大多数家长知道怎样教孩子学习，但很少有家长知道如何陪孩子游戏与活动。其实，支持孩子的游戏与活动，需要我们掌握一定的技巧。我们不妨尝试一下 4 个关键 C 理论。在实际应用中，4 个 C 的应用有可能是同

---

① （荷）J. 胡伊青加. 人：游戏者：对文化中游戏因素的研究[M]. 成穷，译. 2 版. 贵阳：贵州人民出版社，2007：170.

时进行的，但我们在理论上应该理解 4 个关键 C 在具体应用中的意义与作用。

1. 让孩子在游戏与活动中找到归属感

连接即需要让孩子"相信我有所归属"。孩子作为社会的产物，最强烈的心理动机就是希望有归属感。孩子是否有安全感基于他有没有归属感，这是他的基本需求。他所做的每一件事都是为了获得自己的定位。同样，游戏与活动作为孩子经常做的事情，我们应该帮助孩子在其中找到归属感。

家长帮孩子在游戏中找到归属感，第一步需要学会放手。在保证孩子安全的前提下，家长需要给孩子充分的游戏与活动的自由，这样孩子会更容易找到归属感，从而主动与家长及他人建立"连接"关系。建立良好"连接"的表现主要是在游戏中能力得到发展，如学会帮助他人、学会合作等。如果在游戏中发展出一些坏的习惯，如敌视同伴，则表示"连接"并没有建立成功。但需要注意的是，放手不代表置之不理，而是要默默观察孩子游戏与活动的情况，为下一步巩固"连接"做准备。当通过游戏与活动建立初步的"连接"后，家长可以根据孩子的游戏与活动情况，适当对孩子进行引导，如明确表示出对孩子游戏与活动的支持，让孩子进一步感知自己在游戏与活动中的价值，体验自己的归属感。

2. 帮助孩子建立对游戏与活动的自信

能力表示孩子需要"相信我可以做到"。游戏与活动通常与解决问题相伴而生，所以只是建立"连接"并不够，还需要树立孩子对游戏的自信，让孩子相信自己是可以玩好这个游戏，做好这个活动的。

帮助孩子建立对游戏的自信需要家长鼓励并支持孩子的游戏与活动，不断让孩子在游戏中认识到自己的能力。要让孩子在游戏中感受到"自己是有能力的"，而不是产生"自己不适合这个游戏与活动"的想法。这要求家长不要过多插手孩子的游戏与活动，更不能对这些游戏与活动持否定意见。例如，当孩子在游戏中遇到问题时，家长可以告诉孩子"你这个游戏玩得这么好，我相信你可以解决这个问题。你可以再换一种方法试试哟"。这样比简单粗暴地批评孩子"笨"或直接告诉孩子解决方法效果要好得多。如果孩子在游戏与活动中比较自信，会通过游戏与活动发展自控、自律能力，开始变得独立；如果孩子在游戏中总是尝试控制他人、依赖他人，这表明孩子并没有建立对该游戏的自信心。

3. 让孩子在游戏与活动中感到自己的价值和影响力

价值需要让孩子"相信我能有所作为"，即要让孩子在游戏中感到自己的价值和影响力。家长要想让孩子在游戏中感到自己的价值和影响力，就必须让孩子意识到自己在这个游戏中是特殊的，是独特的，是能够有所作为的。当然，适当的时候家长也要让孩子明白自己在这个游戏中的一些不足之处。如此，孩子才能很好地找到自己在游戏中的定位及游戏在自己生活中的定位。

案例 2 中汪正扬感觉"偷菜"没有意思，继而在家长的支持下创办网站，这其实主要是因为他看到了自己在"偷菜"游戏中的价值和影响力，并认为自己不只能够成功"偷菜"，也有能力创办自己的网站。如果汪正扬感觉自己根本玩不了游戏，就会彻底失去对电脑游戏的兴趣，而不是继续创办网站，可见汪正扬在"偷菜"游戏中已经清晰地找到了自己的位置，明确了自己的方向。汪正扬能够感到自己的价值和影响力，跟家长的支持密不可分。每个孩子都是独特的存在，家长应该带着这样的信念去鼓励、引导孩子，帮助孩子客观评价自己及游戏与活动对自己的意义。如果孩子在游戏中能够主动承担一些责任，积极贡献，如孩子在玩角色扮演等游戏时，能够真正从角色本身出发，主动积极承担自己所扮演角色的责任，并在游戏后反思自己，表明孩子已经在游戏中感到了自己的价值和影响力；如果孩子在游戏过程中攻击性比较强，甚至试图伤害别人，这说明孩子并没有通过游戏感到自己独特的价值，需要家长进行相应引导。

4. 给予孩子继续游戏与活动的勇气

勇气指要使孩子"相信我能应对接下来的一切"，要让孩子有继续游戏的勇气。孩子在各个年龄阶段的游戏与活动虽有差异，但无论在哪个年龄阶段，无论孩子玩什么样的游戏，都需要让孩子有继续游戏的勇气，让孩子相信继续下去是有希望的，而不能让孩子产生自卑、没有把握、没有希望等感受。

让孩子拥有继续游戏的勇气，首先，家长要尊重孩子。尊重不仅体现在对游戏选择权的尊重，也体现在对游戏结果的尊重。如果孩子想玩乐高，请不要执意让孩子玩芭比娃娃；当孩子经过努力拼出乐高造型，即使自己不喜欢，也请不要批评或强行改成自己喜欢的造型。其次，家长要有意识地消除批评。游戏，其实带有探索的意义，这意味着在游戏的过程中孩子出现错误是正常的。因此，当孩子在游戏的过程中出现错误，家长最需要做的是表示理解、安慰孩子，帮孩子一起分析出现错误的原因，而不是将错误单独拎出来，将其放大。最后，让孩子有勇气，需要家长不断的鼓励。孩子需要鼓励，就像船只需要航标，指引孩子健康成长。没有鼓励，孩子也就没有归属感。

孩子的游戏与活动，需要家长不断鼓励，并且是比较持续的鼓励。因为家长的鼓励，孩子会更加自信，学会正确看待自己，并相信自己能够应对游戏与活动中遇到的问题，而这种勇气往往也是可以迁移到实际生活中的。在生活中遇到问题时，孩子也会具有应对困难的信心和勇气。因此，孩子在玩游戏时，家长不妨多对孩子说一些鼓励的话，如"你做得真棒""我相信你一定可以的""你可以做得更好"。同时，家长也可以行动起来鼓励孩子，如抽出更多时间与孩子玩游戏，与孩子共同购置游戏需要的一些工具，将孩子游戏的成果展示出来等。如果孩子在游戏与活动中愿意尝试、直面挑战、韧性十足，这说明孩子相信自己能够应对接下来的事情；相反，孩子避免做任何事情，甚至放弃游戏，这代表孩子并没有做好准备。出现这样的情况时，家长可以做一些鼓励性的工作或是建议孩子尝试别的游戏或活动。

支持孩子游戏小技巧：

1. 尊重孩子的意愿，让孩子自己选择玩什么。

2. 选择的游戏要符合孩子的兴趣。

3. 允许孩子犯错，支持孩子而不是无休止地责备孩子。

4. 不要强迫孩子完成他们不想完成的事情。

5. 玩具不需要多么昂贵，合适就好。

6. 争取更多和孩子交流的机会。例如，一个孩子创作了一幅画，你可以让他告诉你这幅画想表达什么。

7. 不要过于在意性别，可以给男孩一个娃娃或给女孩一辆汽车。

第六章　预防问题行为的策略之二
——权威型教养方式

第一节　采用既有关爱又有规则的权威型教养方式

英国哲学家约翰·洛克(John Locke)曾在自己的著作《人类理解论》中提出，孩子出生的时候是一张白板，而家长可以将自己的价值观和准则传递给他们。《三字经》中也有类似的说法："养不教，父之过。"家长不仅需要在生理方面抚养孩子，还要对孩子的心灵进行正确的引导和教育，让孩子拥有健康的心理和健全的人格。抚养和教育，即为教养。许多研究发现，家长的教养方式对孩子行为表现的影响颇为深远。

在心理学中，教养方式这一概念最早由美国心理学家戴安娜·鲍姆林德(Diana Baumrind)在 1967 年提出。鲍姆林德认为，教养方式就是家长用来控制孩子表现、帮助孩子完成社会化的行为模式。随后，达令和斯坦伯格(Darling & Steinberg)完善了这一概念，将教养方式定义为家长对孩子的教养态度、行为和非言语表达的整合，它可以反映亲子互动的性质、对孩子的期望和家庭的情感氛围，并且具有跨情境的稳定性。

那么，教养方式都有哪些类型呢？1971 年，鲍姆林德进行了一项研究，发现家长的教养方式主要由以下几个因素构成，即控制、监督、要求、温暖、接纳和参与。达令认为这几个因素又可以概括为两个维度，即

发现孩子行为背后的秘密

回应性和要求性。

回应性这一维度指的是家长通过协调、支持和接受儿童的特殊需要和需求，有意培养孩子的个性、自我调节和自我肯定的能力。要求性则指的是家长通过成熟的要求、监督等方式，使孩子愿意并努力遵守规则、融入家庭。

基于家长在回应性和要求性上表现的不同，可以将教养方式分为四种类型，分别为忽视型、专制型、溺爱型和权威型。权威型的家长在回应性和要求性上得分都很高；专制型的家长在要求性上得分很高，但在回应性上得分很低；溺爱型则正相反，在要求性上得分很低，但在回应性上得分很高；忽视型的家长无论在回应性上还是要求性上得分都很低。这四种教养方式的表现各不相同，对孩子的影响自然也各不相同。

一、专制型教养方式

2011 年，"虎妈"蔡美儿和"狼爸"萧百佑凭借他们严厉苛刻的家庭教育走红网络。

"虎妈"蔡美儿，是美国耶鲁大学的华裔教授，其自述故事《虎妈战歌》轰动一时，并因此登上了美国的《时代》周刊封面。《虎妈战歌》介绍了她如何采用严格的"中国式教育"管教自己的两个女儿。她要求自己的女儿每门功课的学习成绩不能低于 A，不可以经常看电视或玩电脑游戏，不许参加玩伴聚会，不能选择自己喜欢的课外活动，练不好琴就不准吃饭和上厕所等。

"狼爸"萧百佑是一个中国香港商人，也曾出版过自己的育儿经《所以，北大兄妹》，而他原本给这本书起的名字叫《打进北大》。根据"狼爸"的自述，只要是他提出的要求，孩子们必须无条件服从。在"狼爸"的家中，孩子们不可以随意看电视或上网，不可以随意喝饮料，不允许进行课外活动，没有零花钱，即使在广州的时候，孩子的房间也不允许开空调。

　　"虎妈"和"狼爸"都是采用专制型教养方式的家长的典型代表。根据鲍姆林德在1978年的定义，采用专制型教养方式的家长很少表现出对孩子的温暖和回应，并且对孩子有很严格的要求，希望孩子能够事事服从自己，他们无法容忍孩子不恰当的行为，并且非常重视自己在家庭中的权力地位。家长的养育方式是非黑即白的，家长的命令孩子必须服从，没有任何商量的余地，也不需要向孩子解释自己下此命令的原因，"因为我是家长，你是孩子，所以你必须按照我说的去做"。当孩子表现欠佳的时候，家长就会采取种种方式对孩子施加权力，迫使孩子为自己的错误付出额外的代价。引发孩子的愧疚感、羞耻感也是专制型家长的一种策略，他们常说："你为什么总是不长记性？""同样的话我要重复多少遍？"或者"为什么你就是做不好？"专制型家长认为，引发孩子的愧疚感和羞耻感比培养孩子的自尊和自信更能激励孩子，让孩子表现得更好。

　　可见，专制型教养方式是一种过于严苛的教养方式，家中的环境十分结构化，行为的规则也非常明确、死板。受到传统文化的影响，在我国，采用专制型教养方式的家庭比例是最高的，调查显示，在38.79%的家庭中，家长主要采用专制型教养方式。

　　尽管专制型家庭在我国非常普遍，但很多研究发现，这种教养方式对孩子成长的弊大于利。在专制型教养方式下成长的孩子会形成较低的自尊、更容易焦虑或抑郁、社交能力更差、孤僻，并且更容易产生反社会行为等问题行为。[①] 一项涵盖了1400多项研究的元分析发现，专制型家长所表现出的严格的控制和对孩子心理上的操纵（如引发孩子的愧疚感等）是导

　　① Holden，G. W.，Hawk，C. K.，Smith，M. M.，et al.. Disciplinary practices，metaparenting，and the quality of parent-child relationships in African-American，Mexican-American，and European-American mothers[J]. International Journal of Behavioral Development，2017，41(4)：482-490.

发现孩子行为背后的秘密

致孩子问题行为增加的最大预测因素。[1]

二、溺爱型教养方式

晨宇的母亲是一名公司高管，父亲则是国企职员，在晨宇 10 岁的时候，他们因性格不合离婚。他们离婚之后，晨宇被接到了奶奶家。奶奶很疼晨宇，把晨宇当自己的命根子一样看待，觉得离婚这件事让亲孙子受到了天大的委屈，决定以后一定不让他再受任何委屈。

从那之后，奶奶对晨宇可谓是有求必应，只要是晨宇想要的，都会无条件地满足。奶奶成了晨宇的"保护伞"，只要是晨宇的东西，谁也不能碰。但奶奶的宠爱并没有让晨宇变得阳光开朗。他在学校几乎没有朋友，成绩也不好。高二的时候，在晨宇母亲的提议下，家人决定把晨宇送到新西兰读书。

出国留学期间，家里人在金钱上满足晨宇所有的需要，结果晨宇两年花光了 200 万元人民币，却连预科都毕不了业。回国后，晨宇几乎不出门，天天在家上网玩游戏，有时连吃饭都要奶奶喂他。几个月后，晨宇的家长送他去一所专科院校，希望他能学到一技之长。结果两个月不到，晨宇就和同学起了冲突，怎么也不肯上学了。

可以看出，晨宇的奶奶因心怀愧疚，对孩子溺爱、纵容，这是溺爱型教养方式的表现。采用溺爱型教养方式的家长对孩子的要求很低，但回应性却很高。鲍姆林德认为，采用溺爱型教养方式的家长会在情绪上给予他们的孩子支持和回应，同时，在规则上放任孩子，也不要求孩子承担其应该承担的责任。

① Pinquart，M.. Associations of parenting dimensions and styles with externalizing problems of children and adolescents：an updated meta-analysis[J]. Developmental Psychology，2017，53(5)：873-932.

一般来说，溺爱型教养方式有以下几种特点：非常关爱孩子（尤其是物质上），对孩子照顾有加；在重大事件上会听取孩子的意见，几乎不会引导孩子做决定；认为相比于责任感，自由对孩子来说更加重要，因此几乎不会让孩子做家务等事情；几乎不会设立规则或者行为准则，对孩子的要求往往前后不一致；几乎不会拒绝孩子的要求，也可能会使用物质（如玩具、零食）来贿赂孩子，让孩子听话；很少让孩子承担自己行为的后果。

由于溺爱型教养方式对孩子几乎没有约束力，因此会导致许多不良结果。由溺爱型家长抚养的孩子往往缺乏自律，社交能力也很差。关于家庭教养方式的研究发现，采用溺爱型教养方式教养的孩子学习成绩较差，因为他们的家长对他们几乎没有什么期望，所以孩子感觉自己不需要努力学习，也没有什么目标。此外，成长在这种家庭中的孩子情绪理解和调节能力一般较差，会表现出更强的攻击性。在家里，只要孩子一生气，家长就会妥协，导致孩子没有机会学习如何有效地处理自己的情绪。所以在学校中，当事情不如孩子希望的那样时，孩子就会情绪失控，甚至攻击别人。

三、忽视型教养方式

洋洋的父母在他 3 岁的时候就去了外地打工，把他交给爷爷奶奶照看，一年都见不了几次面。6 年后，洋洋父母的经济条件好转，便把洋洋接到打工的地方上学。由于长期缺乏陪伴，洋洋对自己的父母十分冷漠，即便在家长努力亲近他的情况下，这种尴尬的局面仍然没有好转。后来，家长的工作越来越忙，索性就放弃了和洋洋的情感沟通，转为物质方面的补偿。他们常常在早晨出门前把留给洋洋的钱放到桌子上，等晚上回家时，洋洋已经休息了。长此以往，洋洋越发任性，在学校惹是生非成了家常便饭。班主任联系洋洋家长协助教育，但是他们却认为不必对洋洋要求太高，能顺利毕业就行。

洋洋家长的教养方式显然就是忽视型的。忽视型的家长对孩子既不提出要求，也不给予回应，也就是说，他们既不规范孩子的行为，也不能满足孩子的情感需求。

忽视型的家长往往有这样的一些特点：对他们的孩子几乎没有情感支持，如鼓励或者给孩子归属感等；行为冷漠疏离，不能够照顾或者帮助孩子，以满足孩子的基本需要；不为孩子的行为设定规则、边界，对孩子的行为没有期望，也不监督他们的行为；对孩子在学校的课业、活动或者表现不感兴趣；甚至不参与孩子的生活。[①]

孩子健康成长离不开家长的爱、关注和鼓励，因此，忽视型教养方式会导致孩子一系列的问题行为。一些研究者认为，在这四种教养方式当中，忽视型教养方式给孩子带来的负面影响是最大的。霍斯金斯（Hoskins）对这些负面影响进行了总结，发现成长在忽视型教养方式下的孩子会表现出更多的外化问题行为，如破坏行为、小偷小摸、攻击他人等违法行为，他们往往也更可能有不良嗜好。此外，忽视型教养会导致孩子的自尊心较低，在青春期时抑郁的风险也会增加。

四、权威型教养方式

鲍姆林德将权威型教养方式定义为一种包含着控制和要求的教养方式，家长试图以问题解决为导向，采用理性的方式引导孩子的行为举止，同时，家长和孩子积极地进行沟通，并与孩子分享规则背后的原因。

使用权威型教养方式的家长温暖而坚定，他们对孩子既有要求也有关爱，伴随着对孩子较强的回应。这也就意味着，权威型的家长既重视孩子

---

① Berzenski，S. R.．Distinct emotion regulation skills explain psychopathology and problems in social relationships following childhood emotional abuse and neglect[J]. Development and Psychopathology，2019，31(2)：483-496.

的自主意识，也会要求孩子服从纪律，所以他们会在亲子产生分歧的时候进行把控，但并不会严格地限制孩子的行为。权威型教养方式会关注孩子的发展状况，传达给孩子明确的标准，并在考虑孩子意见的基础上制定家庭中的规则。因此，在这样的家庭中，家长和孩子之间的关系是温暖、接纳的，家长和孩子之间的沟通是理性的，家庭中的氛围是民主而和谐的。

很多研究都已证实，权威型教养方式对孩子的发展有诸多好处。生活在权威型教养方式下的孩子拥有独立自主精神和自我控制能力，他们的成就动机很强，能够大胆表达自己的想法，面对困难也能够提出解决办法，在和人交往的时候，这些孩子也会表现出较多的亲社会行为和较好的社交能力。[①]

在四种教养方式当中，专制型、溺爱型和忽视型这三种类型或者缺乏对儿童的关心与回应，或者缺乏对儿童的规范和要求，都增加了孩子出现问题行为的风险。与之相对，在过去几十年的研究中，很多理论和实证研究都证实了权威型教养方式对儿童发展具有积极的促进作用。

个体心理学认为，对个体来说，最重要的就是其与群体的连接。只有当个体对所属群体有归属感和贡献的时候，他才会体会到自我价值，并使自己的潜能得以提高。因此，家长在孩子的成长过程中起到了关键作用。家长采取权威型教养方式，对孩子给予高支持和高回应，可以在家中营造一种合作和尊重的氛围，让孩子拥有归属感，充分展示自己的能力，最终帮助孩子发展自我认知、增强社会责任感。

权威型教养方式能够帮助减少儿童的内化问题行为（如抑郁、焦虑等）。在四种教养方式中，权威型是唯一能够降低儿童内化问题行为程度

① Kosterelioglu，I.．Effects of parenting style on students' achievement goal orientation：a study on high school students[J]．Educational Policy Analysis and Strategic Research，2018，13（4）：91-107.

的教养方式。此外，有研究发现，权威型教养也可以帮助儿童减少外化问题行为，如攻击性行为或犯罪行为等。[①]

第二节　表达关爱

作家王朔在《致女儿书》里提到，他母亲的字典里根本没有"爱"，那是他母亲理解范围之外的事，他母亲的"爱"就是要一个孩子永远正确。而王朔的父亲是一名军人，对他的要求很严格，经常因做错事情打他。同样，王朔对自己的家长也没有"爱"。他曾写道："我不记得爱过自己的父母。小的时候是怕他们，大一点儿开始烦他们，再后来是针尖对麦芒，见面就吵；再后来是瞧不上他们，躲着他们，一方面觉得对他们有责任，应该对他们好一点儿，但就是做不出来，装都装不出来；再后来，一想起他们就心里难过。"[②]

大多数家长并不是不爱自己的孩子，而是不知道该如何表达自己的爱，所以就无法让孩子感受到爱。在王朔母亲的自传《一家人》中，王朔母亲这样写道："在这里，我想对儿子说：'妈妈永远爱你。'"对很多像王朔母亲一样的中国家长来说，让孩子吃饱穿暖，把孩子培养成才，就是对孩子爱的表现。因为在他们小的时候，他们的家长也是如此表达爱的。然而，越来越多的研究发现，在孩子成长的过程中，让孩子感觉到关爱、尊重和认可能够培养良好的亲子关系，有助于孩子的全面发展。以下几种做法可以帮助家长更好地学会如何表达对孩子的爱。

① Pinquart，M.．Associations of parenting dimensions and styles with external-izing problems of children and adolescents：an updated meta-analysis[J]．Developmental Psychology，2017，53(5)：873-932.

② 王朔．致女儿书[M]．北京：人民文学出版社，2007：38.

一、主动倾听

倾听孩子说话，让孩子知道他们的想法对家长是很重要的。如果孩子在之后的生活中遇到困难，他们也更愿意跟家长说实话。但是对很多家长来说，主动倾听孩子并不是一件容易的事情。有时，家长认为自己已经足够投入了，但孩子仍然觉得自己没有得到足够的关注。为了避免出现这种情况，家长就需要做到主动倾听。

二、接纳孩子的情绪

对任何年龄段的孩子来说，哭泣、愤怒、恐惧都是表达强烈情感的正常反应。尤其是年龄较小的孩子，控制自己的情绪是非常困难的。有一些家长会被孩子激烈的情绪"点燃"，自己也表现出很激烈的情绪反应。还有一些家长认为，孩子频繁表现出强烈的情绪是一种脆弱的表现，因此无法接纳孩子的情绪。但是在孩子成长的过程中，哭泣或者发脾气并不是一件坏事，这也许只是他们学习情绪调节的方式。孩子需要学会认识、理解和处理他们的情绪，而接纳孩子的情绪可以让孩子感觉自己"被看到""被理解"，这有助于他们情绪调节能力的发展，也有助于他们感受到家长对自己的关爱。

当孩子不高兴的时候，建议和说教是没有用的，相反，最好的回应方式是肯定他们的情绪，如"我知道今天你很难过""那你一定对他非常失望"。有时候我们需要对孩子的行为进行限制，让孩子明白，需要改变的不是情绪本身，而是他们表达情绪的方式。家长可以这样说："你看起来好像真的很生气，你可以生气，但是打人是不可以的。"这里家长要注意的是，要把孩子的情绪和他们的行为分开，如果家长只想着改变他们的行为的话，可能就会表现出对他们情绪的否定。以下就是一个典型的错误做法的例子。

丽丽的家长发现她放学的时候打了自己的同学，就责备了她，问她为什么要打自己的同学。丽丽说，她抢走了自己的娃娃。家长便不耐烦地说："这只是一个娃娃，有什么好生气的呀，你要学会分享你的东西。""有什么好生气的"这句话会让孩子感觉自己被误解了，而且它向孩子发出一个信号：他们的感受是不能够被家长接纳的。这样会导致孩子变得更加沮丧，也感觉不到家长的关爱。

三、尊重孩子

很多时候，家长对自己的孩子并没有表现出尊重，如打断他们说话，忽略孩子的看法，在外人的面前议论孩子的行为等。这些不尊重的行为会伤害孩子的自尊心，也不利于良好亲子关系的培养。家长可以从以下这些行为入手，让孩子感受到家长对他们的尊重。

首先，尊重孩子要从相信他们具有自己独立的意志开始。家长不应将自己的意愿强加到孩子身上，强迫他们去做一些他们不愿意做的事情。一些家长可能会强迫自己的孩子将玩具分享给来家中做客的小朋友，这会让孩子感觉自己的所有物遭到了侵犯。家长可以将强迫转化为鼓励，告诉孩子分享的好处，然后让孩子选择是否分享，或者何时分享他们的个人物品。

案例　分享的乐趣

帆帆是一个特别爱读书的小女孩。一天，妈妈给她买了一本特别精美的插画书。帆帆也特别喜欢这本书。过了几天，帆帆的朋友东东来家里做客，看见了这本精美的插画书，想借走看一看。虽然帆帆已经看完了，但是怕朋友弄坏，一直抱着书在原地支支吾吾。这时妈妈看出了帆帆内心的顾虑，对帆帆说："帆帆害怕书被弄坏，可以不借，但是东东会不会伤心呀。我们告诉东东要好好珍惜是不是不一定会坏呀，而且东东也会非常开心呀。"帆帆点点头，同意将插画书借给东东。过了几天，东东不仅完好无损地把书还了回来，还给帆帆分享了自己非常喜欢的书籍。假如家长未经孩子同意，擅自决定将插画书借给东东，会让帆帆感到委屈，体会不到分享的乐趣。

其次，要给予孩子足够的自主支持。一些家长认为，孩子的年龄太小了，无法完成许多日常生活中的挑战。这其实是不信任孩子能力的表现。家长可以试着假设自己的孩子可以完成生活中的许多挑战，如让孩子自己盛饭端饭，打扫房间卫生，穿衣服，完成作业等。这些行为可以提高孩子的自主能力，也能够让孩子感受到家长对他的尊重。如果孩子面对家长布置的挑战具有明显的抵触情绪，家长可以及时调整、转变挑战内容，尽量选择适合孩子并且让孩子表现出热情和兴趣的事项供孩子挑战。

最后，家长要尊重孩子的隐私，不要偷看他们的房间、日记或者手机。在绝大多数情况下，这些行为都是对孩子隐私的侵犯，也表明了家长对孩子的不信任。此外，家长不应该在社交媒体上（如在朋友圈、社群中）向家庭成员或者朋友分享孩子的生活细节，尤其是在孩子没有同意或者不知情的情况下。因为这不仅让孩子感到尴尬，也会让孩子不敢与家长分享自己的秘密和感受。

四、在言语上表达对孩子的肯定

在日常生活中，家长肯定的话语对孩子来说非常重要。一般来说，对孩子的言语肯定可以有三种不同的表达方式。

第一，家长可以通过口头表扬的方式表达对孩子的肯定，如"你做得很棒""谢谢你今天帮助爸爸妈妈拎东西"。需要注意的是，这里的表扬不能太过宽泛，如果表扬大而空的话，孩子会感觉自己被敷衍，自然也就无法感受到家长的关爱。家长的表扬最好详细到某件事情，如"你今天在数学小测中没有马虎，我为你感到骄傲""你帮妈妈把碗洗得很干净，谢谢你"。只要家长能够多多留意孩子的积极行为，就可以很自然地对孩子的行为给予肯定。

第二，亲昵的话语也可以表达对孩子的关爱，而且非常有助于建立家长与孩子之间的依恋和联系。亲昵的话语既可以是每天简单地告诉孩子"我爱你"，也可以对孩子说"我为你感到骄傲"等。重要的是，要把孩子当作一个独立的个体看待，不能把孩子当作自己的附属品。当孩子出现问题行为的时候，家长可能会发现自己很难对孩子说出亲昵的话语。这时家长要将注意力放到孩子表现出问题行为的原因上，而不要过于关注问题行为本身。这能够让家长超越具体的行为，专注于关爱孩子，同时这种注意力的转移也能够帮助孩子解决困难，表现得更好。

第三，家长可以在别人面前说一些肯定、表扬孩子的话。有一些思想比较传统的家长可能出于谦虚等原因不愿意在别人面前肯定孩子，甚至会贬低孩子。在家长的眼中这可能不是什么大事，但孩子听到这些贬低自己的话语之后会很受伤，觉得自己不够好或者很丢人，有些孩子还可能破罐子破摔，索性表现出许多问题行为。因此，家长应该注意自己在外人面前的言行。如果家长在外人面前表扬孩子，不仅会让孩子感觉自己是被爱着的，也会让孩子知道家长为自己骄傲，会感觉自己是被重视的。此外，这些肯定的话语可以帮助一些自卑的孩子改变对自己的看法，让孩子知道自己在家长心中是非常优秀的，家长能够接受并且爱着现在的自己。

五、和孩子肢体接触

和孩子进行肢体接触是家长向孩子表达关爱的一种方式。不同年龄段的孩子能够接受的身体接触也有所不同。对年龄比较大的孩子来说，家长更加需要注意孩子的情绪和小动作，选择合适的时间和孩子进行肢体接触。例如，一些孩子可能会觉得在外人面前的亲昵举动是不合适的，这时家长就需要以孩子的意愿为先。

很多家长认为，和孩子进行的肢体接触只包括拥抱孩子、亲吻孩子，但事实上，还有很多种和孩子进行肢体接触的方式可以表达家长对孩子的关爱。例如，孩子放学回家后，家长可以帮孩子揉揉肩膀；妈妈可以帮女孩梳头；等等。家长和孩子也可以通过帮助对方修剪指甲等方式来增进感情。

在管教做错事的孩子时，家长也可以和孩子进行适当的身体接触。在讨论孩子做错的事情时，家长可以轻轻地把手放在孩子的手臂上，或者把手轻轻搭在孩子身上。这些身体接触可以向孩子表明，即使他做错了事情，他仍然被家长关爱并珍惜。需要注意的是，即使孩子做了错事，家长也不应体罚孩子(伤害性的肢体接触)，这样不仅会破坏亲子关系，也容易让孩子产生一系列的情绪和问题行为。对孩子的肢体接触应该让孩子感受到被关爱和尊重，而不是让孩子受到心灵上的创伤。

六、高质量的互动

随着社会压力变大、工作节奏变快，家长能够陪伴孩子的时间越来越有限，很多家长都会担心自己给孩子的陪伴时间不够。但一项研究发现，提升和孩子相处时的互动质量比增加陪伴孩子的时间更加重要，也就是说，家长和孩子之间的高质量互动才是对孩子的成长最有益的相处方式。

对不同年龄段的孩子来说，家长与孩子进行高质量互动的方式也略有不同。对婴儿来说，家长最需要做的是对孩子的行为进行敏锐观察。孩子会伸手抓什么东西？什么能让孩子笑出来？家长可以尝试和孩子进行一些孩子喜欢的游戏或者互动，如捉迷藏、唱歌等，并从中挑选出孩子最喜欢的游戏。在互动的过程中，家长需要和孩子进行眼神接触和适当的肢体接触。除了单独的游戏时间之外，家长也可以尝试在日常活动中增加和孩子有质量的互动，如延长洗澡的时间，和孩子一起多玩一会儿水等。

更大一点儿的孩子会有很多自己的想法，家长可以配合孩子的想法和孩子完成游戏或者其他互动。例如，学龄前儿童很喜欢进行假装游戏，他们会邀请家长进行角色扮演，扮演成王子、公主或者小猪佩奇等。在游戏过程中，家长可以和孩子进行合作，适当引导孩子，但一定不要扼杀孩子的想法。

在孩子上小学之后，他们的思想已经逐渐成熟，学校里的生活逐渐取代了游戏。因此，家长可以通过参与孩子的课后实践等过程和孩子进行高质量互动，如和孩子一起踢足球，和孩子一起准备课堂报告，和孩子讨论学校生活等。有时，孩子可能会选择对家长来说比较困难的活动。需要注意的是，家长尽量不要直接拒绝，因为只有孩子觉得家长很重要的时候，才会邀请家长来和自己一起解决困难。家长是否能完成这个挑战不是最重要的，重要的是要和孩子一起尝试，只有这样，才更有可能建立良好的亲子关系循环。

第三节 传达规则

在目前竞争激烈的社会中，很多家长望子成龙，对孩子的要求非常严格，希望孩子按照自己的规划一步一步执行；一旦孩子可能脱离自己的控制，便大喊大叫、命令、批评或者威胁孩子；如果孩子没有遵守规则，他们便会严厉地惩罚孩子，甚至打骂孩子。现实生活中就有这样的一个家长，为了让自己的女儿考上清华北大，她给女儿制订了精确到分的计划表；禁止女儿参加一切课外活动；禁止女儿拼乐高，在发现女儿偷偷拼后直接把乐高砸烂了；在誓师大会上逼迫女儿把自己的心愿改成"考700分，上清华北大"……最终，她的种种行为让女儿崩溃了，不仅整夜失眠，还做出了轻生的举动。

可见，尽管家长的出发点是希望孩子能够拥有更好的未来生活，但如果没有恰当地制定和执行规则，孩子不仅无法达到家长的期望，还会产生心理问题或问题行为。而采用权威型教养方式的家长不仅设置了明确的规则，也会向孩子解释设立这种规则的原因，同时，他们也会鼓励孩子对规则提出自己的看法和意见，这有助于培养自信、有责任感、自我调节能力强的孩子。他们能够更好地管理自己的负面情绪，表现出较少的心理问题和问题行为，他们也有能力完成自己的计划，取得更好的学习成绩并在学校中表现优异。那么如何才能更好地向孩子传达规则，成为权威型的家长呢？以下是一些具体的建议。

一、家庭规则需明确

无论是孩子，还是家长，清晰的规则都更容易遵守。如果家长只告诉孩子"要乖乖的""要听话"，那么这个规则对孩子来说便形同虚设。因为这些所谓"规则"的最终解释权在家长，家长可以定义什么样的行为属于"听话"的行为，而孩子不清楚自己行为的边界。因此，家长应该确保孩子知道规则中包含着什么，如果违反规则会发生什么样的后果。为了使规则更加明确，家长可以采用对比的方式，既说明什么样的行为是不可以被接受的，也说明自己期望孩子做出什么样的行为。例如，很多家长会要求孩子"不要插话"，但是并没有告诉孩子应该做什么，完整的规则可以是：不要插话，等轮到你的时候再说话。

在制定规则的过程中，家长可以和孩子一起谈谈为什么一项规则是有意义的(如不在马路上打闹可以让孩子保持安全),并讨论如果孩子坚持遵守规则,他将获得什么样的好处(如每天都可以在楼下花园玩一会儿)。随着时间的推移或者孩子的成长,家长制定的规则可以宽松一些,这样有助于培养孩子独立自主的意识。

此外,家长在制定规则的时候,要考虑到孩子的年龄特点。如果规则太多、太复杂或者太抽象,孩子记不住或者理解不了,那么对孩子来说,这些规则就是模糊的。例如,学龄前的儿童通常只能学习或者记忆两三条规则,家长可以先给孩子制定一条规则,让孩子逐渐了解规则的运作方式,再增加其他规则。另外,对年龄比较小的孩子来说,家长需要确保孩子能够理解规则中某些词语的含义。例如,家长想告诉孩子"不要伤害他人",这时,家长还需要告诉孩子,"伤害"不仅包括打人、咬人等,说让别人难过的话也是伤害别人。总之,制定明确且能够被孩子理解的规则能够为家长传达规则打下一个良好的基础。

二、向孩子解释规则

无论是权威型家长还是专制型家长,都会对儿童的行为有着较高的期望,也会给他们设定严格的规则,但是他们在执行规则方面有很大的差别。专制型家长不允许他们的孩子质疑规则,他们希望孩子能够服从自己的规则,"只要我说的都是对的,因为我是你爸爸/妈妈"。这种态度往往会让孩子产生焦虑和不安全感,进而产生更严重的情绪问题。而与之相反,权威型家长的主要特征之一,就是会向孩子解释规则,并为孩子提供支持这些规则的理由。当孩子不理解规则的时候,权威型家长会鼓励孩子针对规则提出问题。因此,在权威型教养方式下成长的孩子能够感受到家长的包容,也能够学会批判性思维,在学校中或者其他地方也能更加自信地与人交流。

需要注意的是，如果孩子年龄太小（两岁及以下），那么孩子可能理解不了规则本身及规则背后的原因。此外，年龄较小的孩子自我控制能力的发展也不够完全。因此，家长可以在孩子 3 岁之后再开始向孩子解释规则背后的原因。在解释规则的时候，家长的语气应该是温和而坚定的。对孩子来说，家长的角色是照顾者而不是教官，所以使用命令、强迫或者威胁的语气可能会让孩子感觉很害怕或者产生逆反心理，进而导致问题行为的出现。

三、执行规则时做到一致

在执行规则的时候，家长需要保持标准的一致，这样孩子能够更加清楚地知道行为的边界，这有助于孩子组织和整合大脑中的信息，从而更好地理解社会的运作方式。相反，如果家长的行为前后不一致，那么孩子可能会感到很困惑。例如，某一天家长因为孩子打破规则而大喊大叫，而另一天却又容忍了孩子的行为，那么孩子就会觉得成人的反应是不可预测的，进而出现焦虑等情绪。如果孩子的年龄比较小，不能够应对这种焦虑的话，他们可能就会采取不恰当的甚至是问题行为来解决问题。还有的孩子可能会钻空子，利用家长不一致的行为来破坏规则，达到自己的目的。

需要注意的是，"执行规则时做到一致"有两层含义，第一层含义是指同一个抚养者在不同时间对规则执行标准需一致，第二层含义是指不同抚养者之间对规则执行的标准需一致。要做到同一抚养者在不同时间保持一致，家长应该记住自己制定的规则都有哪些，并且理解规则背后的原因。如果因为特殊原因需要更改规则，家长应该及时和孩子解释清楚，这样既可以保证孩子在心理上做好了准备，不会因为突然的变化而焦虑，也可以保证孩子之后依然能够遵守规则。要做到不同抚养者间的一致，所有抚养者必须站在同一个战线上，对规则进行有针对性的沟通，这样所有抚养者对规则的理解就会是一致的。同时，抚养者应避免在孩子面前发生冲突，应该先在孩子不在场的情况下达成一致，再和孩子进行沟通。

四、正面强化和鼓励

一些孩子做出打破规则的行为是为了得到家长或者其他人的关注。许多家长总是把孩子遵守规则当作理所当然的事情，只有在孩子违规的时候才会去教育孩子，所以孩子会认为，只有当自己做出"坏事"的时候，家长才会"关心"自己。因此，家长可以采用正面强化的方式来将规则传达给孩子。

积极心理学的开创者塞利格曼认为，过往的心理学研究只关注如何修复生活中最糟糕的事情，相比之下，忽视了生活中同样重要的一部分——建立良好的品质。其中，正面强化就是手段之一，家长可以利用正面强化来鼓励孩子遵守规则。例如，孩子今天主动在睡前刷牙，家长看到了之后就可以表扬他。没有孩子不喜欢被家长表扬，当家长对孩子遵守规则的行为和选择进行积极的反馈时，相当于给予了孩子一个正面的强化，孩子就更愿意去重复这些行为。要注意的是，正面强化并不意味着家长完全不关注孩子的消极行为，只是家长需要调整自己关注的重心，不要抱有"挑刺"的心态。

同样，对孩子的正面强化和鼓励也要注意孩子所处的年龄段。很多家长认为，孩子进入青春期之后变得独立自主，不愿意听家长的话。但实际上，即使是叛逆的青少年也希望能够得到家长的认可，因此，家长还是可以通过正面强化的方式来传达规则。然而，青少年往往不希望家长在自己的朋友面前表扬自己，而是希望家长能在私下进行表达。

五、注意奖励的方式

一些家长喜欢采用物质激励的方式让孩子遵守规则。很多家长为了让孩子回家后完成作业，会告诉孩子"如果你做完作业，我就让你玩半个小时的游戏"，也不乏家长用金钱来奖励考试成绩优异的孩子。尽管这些手段在短期内可能非常有效，但久而久之，孩子会以奖励为目的完成规则，如果家长不再提供奖励，那么孩子就会打破规则。因此，家长需要根据具体的情况选择正确的、恰当的奖励方式。

一般来说，有以下几种奖励的类型可以供家长进行选择。

第一种是社会强化物。这种奖励是指用夸奖、鼓励等具体的表扬来表达对孩子的认可和赞同。这种奖励是比较有效的，因为它向孩子传递了接纳，让孩子产生了归属感。

第二种是代币强化物。这种奖励是使用小红花、游戏币等物品代表"积分"，孩子可以赚取代币，然后换取他们想要的东西。代币强化物对孩子来说也很有效，因为它可以在完成规则后立即发放，同时又锻炼了孩子的延迟满足能力和自主规划能力。

第三种是实物强化物。这种奖励并非在所有情况下都不能使用，而是应该被用来帮助孩子恢复动力，而不是让孩子为了追求奖励而遵守规则，这样孩子就不会对奖励产生依赖。如果孩子已经对实物奖励产生了依赖，那么家长可以逐渐减少奖励的频率，或者逐渐增加其他奖励的比例，以切断孩子心中遵守规则和实物奖励之间的联系。

第四种是"最高阶段"的奖励——自然强化物，也就是在完成规定任务之后的成就感或者是取得的好成绩本身。顾名思义，自然强化物是天然产生的，是孩子行为的结果，在大多数时候都不需要家长进行干预。但同时，自然强化物也是最有效的奖励，它可以帮助孩子提升自尊、成就感和内在动机。虽然，自然强化物相比其他类型的奖励更加不易得，但是家长可以对孩子进行循序渐进的引导，鼓励他们追求自然强化物，帮助他们慢慢完成从外部动机到内部动机的过渡，从而形成某种行为的内在动机。

六、用自然结果来教育孩子

对所有年龄段的孩子来说，使结果自然发生都是学习规则最有效的方式之一，使用自然强化物来传达规则也对孩子的长期发展非常有利。如果你的孩子拒绝戴手套，那么自然结果是他们的手会变冷，然后在天冷的时候学会戴手套。

用自然结果来教育孩子看起来什么都不需要家长做，但实际上，很少有家长能够做到这一点。因为很多时候，家长无法控制自己的情绪，要么严厉地惩罚孩子，要么给予孩子不必要的奖励。这样一来，遵守或者违反规则的自然结果就被掩盖了。如果孩子选择不完成作业，那么他们会面对教师的批评或者惩罚；如果孩子熬夜，那么他们可能第二天会困或者会感到疲惫；如果孩子帮助了别人，他们会感觉到自己是有价值的。这些都是自然结果，孩子在自然结果中就可以学习到规则。如果他们做出积极的选择，就会带来积极的结果；如果他们做出消极的选择，就会带来消极的后果，而不需要家长额外的说教或者惩罚。

尽管自然结果可以帮助孩子学习规则，但它也有不适用的时候。某些情况下，自然结果对孩子来说并不安全，或者在某些情况下，自然结果并不会在较短的时间内显现出来，这时家长也可以利用逻辑结果将规则传达给孩子。例如，如果孩子在每次玩完积木后，都不把积木放回收纳箱里，那么积木就很容易丢失，但是孩子往往要等到很久之后才能发现积木丢失了，这样自然结果的作用就被削弱了。在这种情况下，家长可以采用一些替代行为来让孩子意识到结果，如每次家长踩到积木的时候就把这块积木收起来，这样孩子就能够意识到"乱丢积木会导致玩具丢失"，从而学会遵守"玩完玩具放回原位"这一规则。需要注意的是，家长在执行的过程中要控制住自己的情绪，尤其不能表现出愤怒和不满，否则孩子会觉得这是家长的惩罚，而不是自己行为会造成的自然结果。

第七章　预防问题行为的策略之三
——和孩子沟通的技巧

第一节　倾　听

一、为什么要学会倾听

(一)不会倾听产生的问题

"我家孩子这两年不知道怎么回事，每天放学回家，一声不吭地就钻进自己房间，戴着耳机不知道在做些什么。你叫他，他也听不见，也不出来跟家里人聊天。好不容易在吃饭的时候逮着机会问他点儿他学校里的事，他总是一副不耐烦的样子。老师有时跟我们反映他在学校的一些状况，我们竟然都毫无察觉。最近又听说很多青春期的孩子都得了抑郁症、焦虑症。看孩子总是这么沉闷，我真是很担心他会出什么心理上的问题。"

很多家长发现孩子到了青春期，开始变得沉默寡言，不愿意跟家长交流。家长对孩子的生活和心理状况又完全不了解，只能干着急。有人把这种情况归因于所谓的"代沟"，也有人说是青春期孩子的正常状况。然而事实上，很多氛围好的家庭，孩子即使在青春期也能跟家长保持充分的交流，常常跟家长分享自己的想法和情绪，从家长那里获取有效的建议。从这种家庭的教育方法中，我们可以看到一个普遍的特点，那就是家长从孩子能够表达自我开始，始终对其保持着"有效倾听"。

缺乏有效倾听或者不会倾听，往往会对亲子关系的建立及孩子的成长产生不良影响。一方面，如果家长不从孩子小时候开始培养交流沟通的习惯，会导致孩子在进入青春期后抗拒跟家长交流，拒绝家长接触他们的心理世界。这既容易使亲子之间产生隔阂，也使家长难以了解孩子成长过程中的生活和心理状态，无法在孩子需要时提供帮助。另一方面，长期缺乏倾听的家庭环境，会让孩子感到自己的想法不受重视，影响孩子自信心，使孩子在与同伴交往过程中也无法自如地表达自己的观点和需求，难以建立健康的人际关系。

(二)倾听的益处和重要性

有效倾听是任何好的交流发生的前提，也是建立信任感和巩固亲密关系的基础要素。第一，有效倾听能够增强孩子对家长的信任感，拉近亲子关系。第二，有效倾听能够帮助家长及时了解孩子的需求和心理状态，在必要的时候提供引导和帮助。第三，有效倾听能够培养孩子交际的能力，在与他人的交往中能够自信、自如地表达自己的观点，并耐心地倾听他人的观点。第四，家长对孩子的有效倾听是孩子排解心理压力的绝佳途径。青春期的孩子心理敏感脆弱，常常因为一些成年人眼中的小事而情绪郁结，如果此时能够向家人倾诉，并得到理解和尊重，就能够有效预防心理问题。

二、什么是有效倾听

(一)理解孩子的感受

有效倾听最重要的是家长能够在倾听的过程中充分理解孩子的感受。很多家长在听孩子说话时总是以一种敷衍的态度应对，认为孩子提到的问题都是小问题，不需要认真回应。

思考一下：

"妈妈，我讨厌你！你为什么总是不让我跟同学们一起出去玩？"

设想一下，你会怎么回应孩子的这句话。

A："好，好，好，下次，下次一定让你去。"

B："小孩子整天往外面跑什么。"

类似以上的回应，家长并没有把孩子的表达看成一件严肃的事情，而是用几句随意的话敷衍过去，以便让孩子不再吵闹，安静地做自己的事情。然而孩子激动的情绪并没有得到缓解，得到家长这样敷衍的回答后甚至会加重心中的不满。但是看到家长不愿意认真交流，孩子从此只能将这份不满埋在心里。这样日积月累，只会加深孩子对家长的不理解，使亲子之间的隔阂越来越大。跟同伴玩耍是孩子的正常需求，也是培养交际能力和健全人格的必要部分。家长有时不让孩子出门是担心孩子安全，也是作为家长的正常考虑。不懂得倾听的家长只从自己的角度出发，禁止孩子出门以保证他们的安全。懂得倾听的家长会在听到孩子这句话时，从孩子的角度去理解他们的想法，与他们共情，从而耐心地向孩子解释不让他们出门的原因，并正视孩子的诉求，在日后确保孩子安全或者能够为他们创造安全环境的前提下，允许他们跟同伴一起玩耍。

案例1 听听孩子的想法

一个单亲妈妈忙碌了一天，在沙发上不小心睡着了，朦朦胧胧中听见凳子在地面摩擦发出的刺耳的声音。妈妈起来发现孩子蹬着凳子在按热水器的开关。妈妈急忙上前，把孩子抱了下来。妈妈并没有急躁地将一天不好的情绪发泄在孩子身上，而是看着孩子的眼睛，说："刚才多危险呀，地上那么滑，你要一不小心栽下来怎么办呀？"孩子说："我是看妈妈太累了，准备给妈妈打开热水，好让妈妈早点儿洗澡，早点儿休息。"妈妈十分感动，耐心地和孩子说："妈妈知道宝贝是为了妈妈才去冒险的，但是我们要学会保护好自己。宝贝受伤了，妈妈会心疼的。帮妈妈放松的方式有很多呀，来床上帮妈妈踩踩背。"

有效倾听不是字面意义上的"听孩子说话"，而是要真正地"听"到孩子内心的情感和需求，并从他们的角度去思考和理解。许多家长常常向孩子抱怨："我每天工作这么辛苦。我做的一切都是为了你。你怎么不能多多理解家长的苦心呢？"然而如果让他们自我反省一下，在要求孩子理解他们的时候，他们又是否理解孩子呢？一个从不被他人所理解的孩子，永远不会发展出理解他人的能力。

(二)为孩子提供支持

在倾听的过程中，理解孩子是第一步，在理解之后做出响应是第二步。在第二步上，许多家长的误区是：我的孩子遇到了问题，那么我就要立即替他去解决。

思考一下：

想一想，你听到孩子说下面这句话时会有什么反应。

"爸爸，我转学后，班上的小伙伴们都不爱跟我玩，做什么都不叫上我了。我好难过。"

这个问题中，孩子向家长倾诉自己在学校的人际关系出现了问题。有的家长会立即跟其他学生的家长联系，请他们要求他们的孩子带着自己的孩子一起玩；或者跟教师联系，请教师教育自己的孩子积极和新同学交往。这样也许可以帮助孩子解决暂时的问题，然而孩子根本的需求却被忽视了。事实上，家长在这个时候应该做的是教会孩子如何主动融入一个新的环境，如鼓励孩子主动跟其他同学说话，邀请其他同学到家里玩耍等。这样做能帮助孩子发展交际能力，让孩子在未来遇到类似的情况时也能够自主解决。同时，家长给予这样的支持有助于孩子自尊心和自信心的建立。孩子在提出这样的问题时很可能有自我怀疑的情绪，认为自己不受同学们的喜欢。而家长此时如果通过外力替孩子解决了问题，只会让孩子认为别的同学跟自己一起玩是因为家长和教师的要求，而不是真正喜欢自己。孩子的自我怀疑依然存在，也不会相信自己具备脱离家长的帮助而独自解决问题的能力。因此，有效倾听我们的孩子不是替他们解决问题或让他们同意我们的观点，而是帮助他们感到被理解，给他们空间来表达感受和解决问题，鼓励他们在自尊中成长。

三、如何做到有效倾听

（一）倾听的阻碍因素

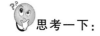思考一下：

你认为阻碍有效倾听的因素有哪些？

在亲子互动过程中，来自家长的一些心理或情感上的因素往往会成为有效倾听的阻碍。

首先，不平等的亲子关系是阻碍倾听的一个关键因素。专制型家长是绝对的权威，事无巨细地安排和规划着孩子的生活。他们的孩子提出的要求、表达的想法往往被认为不成熟，不受重视。

其次，许多家长忽略了孩子的自尊心，也不关注他们的心理问题，认为只要保证他们的安全和健康，给予他们富足的生活条件就够了，与他们交流时使用的语言也不够尊重。

最后，家长不当的情绪管理也是阻碍倾听的一个重要因素。有些家长在孩子说出任何不符合自己期望的事情时，其理智会立即被愤怒占领，不由分说地开始发火和批评孩子，却不问清楚其中的缘由。还有些家长将工作和夫妻矛盾中的情绪带到亲子交流中，使孩子感到压抑、恐惧，不敢向家长倾诉。

(二)亲子互动中有效倾听的技巧

卡尔·兰塞姆·罗杰斯(Carl Ransom Rogers)是 20 世纪美国的一位心理学家，是人本主义心理学的代表人物之一。他长年参与心理咨询与治疗工作，在实践与研究的过程中，尤为重视倾听的力量。他为了促进人们的有效沟通，曾提出积极倾听的技能。所谓积极倾听，就是要改变被动听对方讲话的局面，积极主动倾听，深入了解事情的真相，为当前困境寻找出路。

积极倾听需要遵守三个原则。原则一，设身处地开展倾听，理解对方的立场和价值观，进而真正理解对方的想法。因此，在倾听的过程中，要懂得换位思考，以理解和包容的态度了解事实，而不是随意基于自身立场和价值观去轻视和斥责他人的想法。原则二，能确认自身理解无偏差。在倾听的过程中，应该有针对性地复述或反问对方讲过的内容，以确认自己的理解没有偏离对方实际表达的意思，如"你刚才的意思是……""你是说……对吗?"等。原则三，以诚恳、专注的态度倾听对方的话语。在倾听他人说话时，应该保持诚恳的态度，与对方保持适当的眼神交流，不轻易打断;保持专注，不在他人倾诉的过程中做其他事情，或表现出思想的游离。

积极倾听的原则适用于所有人与人之间的交流。在亲子交流中，家长应采用积极的态度倾听孩子的话语。有效倾听不仅是听懂孩子在说什么，理解字面的意义，更是从孩子的表述和神情当中，去感受他们的情感。年龄较小的孩子，往往在表达上不完整、不准确，需要家长多花心思去理解他们想表达的内容。而青春期的孩子，往往喜欢隐藏自己的情感，这就需要家长在关注内容的同时，更多地从神态、语气等方面去感受他们的情感。不论是孩子说话的内容，还是孩子的情感，都需要家长给予积极的反馈，让孩子知道你真正接受和理解了他们传达出的信号。在内容上，家长要用自己的语言转述孩子说的话，邀请孩子确认，以保证他们知晓自己接收到了信息。在情感上，家长要表现出共情，对消极情感进行安慰，对积极情感进行肯定。在亲子互动中，家长要有主动倾听的意识，并落实到行动上。同时，家长需要培养孩子向自己倾诉的习惯，让孩子愿意说。具体来说，家长可以参考以下技巧。

1. 家长主动倾听

（1）倾听从幼儿时期就要开始

亲子之间的良好交流习惯要从小开始培养，需要注意的就是家长对孩子的倾听。从婴儿时期孩子还不能用语言表达需求时，家长就需要随时注意孩子哭声的变化、神情的变化，来判断他们的状态。在孩子开始牙牙学语、表达不清晰时，家长应努力去理解孩子的意思，鼓励他们进行表达，从小激发孩子表达和倾诉的欲望。

（2）不要把孩子当成"孩子"

低年龄段的孩子往往表达的欲望比较强烈，每天会对家长说很多话，提很多问题。一方面，有的家长觉得麻烦，总是忽略，或者敷衍应对。另一方面，许多家长不认真对待孩子的话，觉得只是孩子随口一说的，没有认真看待的必要。然而，这样会渐渐打消孩子向家长表达的意愿，也会让孩子感到不受尊重。因此，家长在与孩子交流时，不能把孩子看作"孩子"，应该以跟大人交流时同样认真的态度对待，将孩子视为有独立思想和完整人格的人，重视孩子说的每一句话。

家长要尽量避免打断孩子。很多家长认为自己能够预测孩子接下来要说什么，常常在孩子说话说到一半的时候就打断他们，这会让孩子感觉家长并不尊重自己。孩子说话的时候，家长要注意听孩子说话的内容和语音、语调，在全面、仔细了解孩子想要表达的内容后再给予语言上的反馈。

（3）给孩子被倾听的机会

家长工作忙，亲子互动的机会少也是阻碍亲子交流的一个重要原因。很多家庭的孩子大多数时间由祖辈照顾，家长每天下班回家后也疲于应对孩子。孩子想要表达，却没有被倾听的机会。然而，充足的亲子互动时间是交流的基础。因此，家长应安排足够的亲子独处和谈心时间。家长可以每天或间隔一天安排一段固定的与孩子独处的时间，每周或者每个月安排一段固定的谈心时间。

（4）善用倾听的净化作用

倾听的净化作用是指倾听能够帮助他人缓解负面情绪，净化心灵。对于还处在成长阶段的孩子，需要家长用更多的耐心进行倾听，让孩子感受到家长的爱与关注，以使孩子在之后的生活中主动向家长表达自己。倾听能够及时帮助孩子寻找感情出口（家长），排解情绪问题，在较短的时间内将自己的情绪稳定下来，预防心理疾病的产生。因此，在察觉到孩子的情绪比较低落时，家长应该发挥积极倾听的作用，去倾听孩子的心声，帮助他们做好情绪管理。

（5）给予孩子反馈

家长可以将自己接收到的信息复述给孩子听，以表示自己在认真倾听，并且理解他们所表达的内容。家长可以这样和孩子说，"所以，你认为……"或者"我的理解是否正确？"。这样可以确保家长不会误解孩子的意思，避免家长做出不恰当的反应。

2. 让孩子愿意说

家长除了应该主动倾听外，还需要采用相应的策略鼓励孩子主动倾诉，培养倾诉的意愿。

（1）采取平等的肢体语言

在亲子交流过程中，肢体语言也是影响孩子交流意愿的重要因素。家长不要采用让孩子感到压迫的姿态，例如，自己坐在椅子上，让孩子站在自己面前；或者与年纪小的孩子面对面站着，俯视他们。这些都是权威的、审视的姿态，会让孩子感到不安，不愿意表达自己的真实想法。而平等的倾听姿态应该是平视孩子，如一起坐在松软的沙发上；面对低龄儿童时蹲下来，保持跟他们同样的高度。家长能够有效表达自己在倾听的信号有：俯下身体与孩子平视，和孩子保持目光接触，在合适的时间点点头等。

（2）允许申辩和解释

倾听意味着尊重，忽视意味着否定。大多家长总是急于选择否定，总是跟孩子说"不行""禁止""不许这样"，觉得一切都会控制在自己的手中。这种控制感能够让家长内心感到充实和安全，却会让亲子关系陷入深渊。

 案例 2　呵护那颗童心①

　　一天晚上，妈妈看见 3 岁多的女儿把一条毛巾铺在地板上，踩在上面跳来跳去。看着这条白毛巾转眼变成了灰色，妈妈十分生气，就要呵斥女儿。不料女儿却一脸兴奋地对她说："妈妈，你看，我正在云朵上面跳舞呢!"女儿的话显然出乎妈妈的意料，妈妈不禁愣住，呵斥的话也说不出口了。妈妈按捺住内心的震动，静静欣赏着女儿笨拙却认真的舞姿。只见她一会儿转圈，一会儿跳跃，一脸沉醉，仿佛自

① 　综合．教育部精选育儿案例[J]．家庭科技，2015(12)：20-21.

己真的置身在云朵之上。妈妈感慨万分：幸好女儿及时表达了自己的想法，让我今晚能够欣赏到这美丽的"云端之舞"。

弄脏毛巾，在家长眼里，可能是孩子的调皮和破坏，然而，在孩子纯净而美好的心灵里，却可能是在美丽的云朵上跳舞，他们并无破坏的意图。如果从家长的视角出发，急着批评教育孩子，孩子那独特的视角和惊人的想象力，就会被粗暴地扼杀。[①] 当遇到"破坏性"事件时，家长不能急于否定，要避免先入为主、以己度人，要允许孩子申辩和解释，完整了解孩子的想法，以增强孩子沟通的意愿。所以，家长别急，先听听孩子怎么说。

（3）给予孩子充足的安全感和信任感

想让孩子倾诉内心最真实的想法，家长就要做好遵守承诺、为他保守秘密的准备。亲子互动中常常发生这样的情况：孩子鼓起勇气想跟家长说一些话，说之前要求家长听完后不能生气，或者不要告诉别人，在说之前家长满口答应，等孩子好不容易鼓起勇气、敞开心扉后，家长却出尔反尔。如此反复，孩子对家长产生了不信任感，也就难以再主动倾诉了。因此，家长在倾听孩子讲话时，必须信守承诺、保守秘密，给足孩子安全感和信任感。

（4）有效的提问和引导

低年龄段的孩子往往表达能力较弱，而青春期的孩子往往在倾诉时会有所戒备和保留。面对这两个阶段的孩子，家长如果只是安静被动地倾听，孩子不能完整地表达内心，容易导致交流停滞。这需要家长采用有效的提问策略适时对孩子进行引导，如"这是为什么呢？""你的意思是……

---

① 综合 . 教育部精选育儿案例［J］. 家庭科技，2015(12)：20-21.

吗?""你觉得……怎么样?"等。

（5）倾听过程中的情绪与表情管理

在倾听孩子说话的过程中，家长要控制好自己的情绪，保持冷静，不要轻易生气，并尽量与孩子共情。在表情上，家长可以保持淡淡的笑容，让孩子感到轻松愉悦，同时在孩子讲到不同的话题时要配合相应的表情和眼神交流予以回应，让孩子明确你在认真倾听而且能够理解他们的心情。家长切忌表现出不耐烦的表情，这会大大打击孩子的积极性。

（6）慎用说教性的语言

在倾听时，家长可以针对孩子说的话给出评价和建议，但是要谨慎使用说教性的语言，如"你现在不好好读书，老是玩手机，你觉得你能比那些不玩手机的同学学习好吗?"。这样的话语会让孩子觉得自己是被动的、接受教育的一方，而不具有主动表达自我的权利，从而不愿意继续倾诉。家长应该采用平等的语言，将孩子放在与自己同等的位置，采用协商的语气进行回应。例如，家长可以说："在你早上的计划里，玩手机是多少分钟? 现在时间是不是到了? 我担心你没看时间，提醒你一下。"

（7）倾听后的自我反省与行为改变

除了倾听过程中，倾听之后的行为也对孩子的倾诉欲望有重要影响。对于孩子提出的意见和要求，家长先要进行深刻的自我反省，反省自己是否真的在某些方面做得不妥当。家长反省过后，对不合理的意见应该耐心解释，让孩子明白其不合理之处；对合理的意见应该采纳并在日后的生活中改善自己的教育方式，让孩子感受到你听进去了他们的话，日后孩子才会有再次倾诉的意愿。

总的来说，作为一个善于倾听的家长，首先，需要有倾听的时间和意愿，要主动积极地倾听；其次，在倾听的过程中，必须保持尊重，以平等协商的态度交流，控制支配欲，站在孩子的角度去理解和共情，并信守对孩子的承诺，保守孩子的秘密；最后，在倾听之后，正视孩子的要求，反思自我，改善教育方式。

思考一下：

1. 列出你认为可以判断别人正在认真倾听你说话的方法。

2. 回想一下你最近一次认真倾听孩子说话的情境，思考当时他们究竟在传递什么信息，表达什么情感。你当时的回应方式是否得当？

第二节　鼓　励

一、缺乏鼓励而产生的问题

许多家长在孩子成长过程中都会面对孩子退缩不自信的问题，而他们中一大部分人的解决方式是给孩子"树立榜样"，提供对比："你看看你表叔家的儿子，多会和人打交道，你怎么就这个样子？这样以后出了社会是不行的……"他们认为自己通过这样的语言不断地批评和刺激孩子，能让孩子幡然醒悟，立刻变得自信开朗、善于交际。然而，事实上，自信开朗、善于交际是一种潜移默化、经过长时间的沉淀而成的性格或者能力，不是靠批评、强行要求和纠正就能够改过来的意识。孩子自己内心也羡慕那些在他人面前善于表现的同伴，然而却始终缺乏那样的自信和勇气去表现自己，总是担心自己出错、丢人，过度地小心翼翼，反倒容易弄巧成拙。久而久之，他们也就不再尝试了。而究其根本，孩子这样的困境，很大程度上就是家长如上文一样不断否定、批评和对比造成的。

家庭是孩子的第一所学校。不论是性格养成，还是各方面能力的培养，都有赖于家长对孩子的态度。很多家庭奉行对孩子进行"打压式教育"，坚信"棍棒底下出孝子"。从孩子极小时，只要他们犯了任何错误，或者在哪些方面比不上同龄的孩子，家长立即开始焦虑，担心其养成不良习惯，落后于同龄人，于是对孩子进行严厉的批评，甚至上升到对其人格的否定和人身攻击。"别人家的孩子永远是最好的孩子"，这看似是一句玩笑话，其实反映着整个社会普遍存在的教育问题。

长期缺乏肯定，会导致孩子在面对任何事情、做出任何选择时，都害怕出错，因为联想到的是出错后家长的责骂和否定。这样的孩子长大成人后，自然会缺乏行动力和决策力。因此，避免对孩子表露出否定的态度，从小给予孩子充分的鼓励和肯定，是帮助孩子建立坚定富足的内心世界，在未来独自面对困难时能够从容不迫的关键。

二、鼓励是建立自尊的有效途径

鼓励是帮助儿童建立自尊的有效途径。有研究发现，家长对儿童的心理控制会降低儿童的自尊，导致儿童的自主需求、能力需求和归属感需求都得不到满足，从而增加儿童的不良行为。[①] 可见自尊的建立对儿童的个性发展至关重要。

1. 什么是自尊

根据《心理学大辞典》的释义，自尊是个人基于自我评价产生和形成的一种自重、自爱、自我尊重，并要求受到他人、集体和社会尊重的情感体验[②]。自尊有强弱之分，自尊过强，就会产生虚荣心；自尊过弱，就会产生自卑。自尊心适宜的人，不用依赖别人，也能对自己做出好的评价。

发现孩子行为背后的秘密

---

① 蔺秀云，李龙凤，黎燕斌，等．父母心理控制与ODD症状儿童抑郁、攻击行为的关系[J]．心理发展与教育，2014(6)：635-645.

② 林崇德，杨治良，黄希庭．心理学大辞典[M]．上海：上海教育出版社，2004：1783.

思考一下：

1. 你平时对自己有什么样的评价？

2. 你认为你最好的朋友会怎样描述你？

"全型自尊"的人，即不因为外在（成绩、长相、金钱和其他赞美），而是因为自己的内在特质而感觉良好的人。他们在心理上一直处于健康的状态。与自我评价建立在内部因素（如个人美德）上的人相比，自我评价主要依赖于外部因素的人自我价值感更脆弱。他们会经历更多的压力、愤怒、人际关系问题，甚至是饮食障碍。而成年人对自身内在特质的相信，很大程度上来源于形成性格的童年时期家长的鼓励和肯定。

2. 自尊为什么重要

在马斯洛需求层次理论中，尊重位于生理需求、安全需求、归属与爱需求之上，仅次于自我实现需求，是人的五种最基本的、与生俱来的需求之一。马斯洛认为，高级需求出现之前，必须先满足低级需求。因此，获得尊重是个体自我实现的前提，而自我尊重更是获得他人尊重的先决条件。

低自尊使人丧失行为能力，而高自尊促使人走向成功。高自尊有利于养成积极主动、乐观的性格。低自尊的人患抑郁症的可能性更大，很容易面临各种临床问题，如焦虑、孤独、饮食障碍等；当感到很糟糕或受到威胁时，更倾向于透过有色眼镜来看待一切，注意并记住别人最坏的行为，并认为伴侣不爱自己；[①] 更喜欢去评判别人，导致社会关系进一步恶化。而低自尊的人遇到的问题，其童年期的遭遇可能才是罪魁祸首。因此，童

---

① （美）迈尔斯．社会心理学：第 11 版［M］．侯玉波，等，译．北京：人民邮电出版社，2016：54，56，60．

年时期家长的鼓励将对孩子的性格养成及今后整个人的生活产生长远的影响。

三、如何有效鼓励孩子

即使明白鼓励对孩子的成长有重要作用，很多家长仍会忧虑频繁的鼓励是不是会阻碍孩子清晰地认识自己的缺点，让孩子变得盲目自信。那么家长究竟应该采用何种方式，在何种时机鼓励孩子呢？

1. 鼓励和赞扬的区别

家长担心孩子会因为鼓励而变得盲目自信，是由于混淆了鼓励和赞扬的概念。赞扬关注的对象是行为人、成就和最终的结果；而鼓励关注的对象是行为本身、付出的努力和小范围的成功，不论结果。赞扬使孩子依赖他人的评价来判断自己的价值；而鼓励展现出我们对孩子的认可与喜爱，关注他们付出的努力，并且这些都是稳定的和无条件的。从正面管教的角度来说，赞扬是从成人的角度出发的，而鼓励是从孩子的角度出发的。具体在使用上来讲，赞扬是对人的评价，而鼓励是客观地实事求是，是对事情的描述。赞扬剥夺孩子的内驱力，而鼓励则激发孩子的内驱力。

思考一下：

鼓励和赞扬有区别吗？如果有，他们存在什么样的区别？

下面是两条常见的家长赞扬和鼓励孩子的话。

"儿子你真行，这次考试又考了 100 分，可真给我争气。"

"不要紧张，宝贝。我相信你认真努力地准备，一定会在这次的比赛中得到应有的回报的。"

前者是对孩子考试结果的评价，容易导致孩子认为"自己只有考试成

发现孩子行为背后的秘密

绩好才能得到家长的爱"，从而降低孩子的自我价值感，需要寻求诸如考试成绩、他人的赞扬等外物来维持自尊和自信。而后者是对孩子努力学习行为的肯定，并对孩子表达支持和信任，有利于引导孩子形成良好的行为习惯和对自身内在品质的自信。

2. 家长自身的自尊与勇气

班杜拉的社会学习理论认为，儿童行为的获得有两种途径，一是观察学习，二是直接学习。观察学习是指儿童通过观察和模仿他人的行为活动而习得行为的操作，并通过一定的强化来进行学习。直接学习是指儿童通过他人教授、自身参与学习来习得行为。因此，家长日常的一举一动都会间接地对儿童日后的行为模式造成巨大影响。①因此，要鼓励孩子、帮助他们建立自尊，同时，家长建立自己的自尊和勇气也是至关重要的。一个对自己感到灰心的人很难去鼓励别人。

思考一下：

我们的自尊如何，是高自尊还是低自尊？我们如何建立自尊？

事实上，成年人的自尊程度很大程度上取决于童年的经历，而成年后想要改变，则需要有意地调整自我认知。首先，需要正视和接纳自己的情绪。因为不管是什么样的情绪和感觉，只要产生了，都是自我的一部分，不承认这些部分就是不承认自我，自尊也就无从谈起。其次，为自己设立可以达成的小目标。很多人由于不尊重自己、不了解自己、又急于求成，便常常在意识到需要改变的时候，给自己设定许多宏伟而又不切实际的大目标，妄图用一次努力甩掉身上所有的不幸。当然，这样的目标鲜少成功，当面对挫败的时候，自尊和自信又不免再次遭遇重击。所以，更实际

---

① 李嘉怡. 父母教养方式对随迁儿童问题行为的影响：自尊的中介作用[D]. 上海：上海师范大学，2018.

的做法是把大目标分化成诸多小而具体的目标，在逐个完成它们的过程中强化"我能够做到"的信念，并可以随时检查自己的进度，知道自己完成到了哪一步，逐渐积累起自信。最后，别让自己被别人的评价牵着鼻子走。如上所述，自尊和自信是我们内心对自己的一种评价，它们不应该依赖于别人的评价，更不应该以别人对待我们的方式为转移。当需要看脸色来决定别人喜不喜欢自己的时候，我们的心理地位就很低、很卑微了。别人夸奖我们，我们就觉得自己很棒；别人冷眼相待，我们就觉得自己一文不值。这种不由自主地心情起落会让我们沮丧，也会让我们对自己失去信心。

总之，为了给孩子做良好的示范，家长需要在孩子面前表现出自尊。不在孩子面前轻易否定自我，不因为他人的评价而怀疑自我，面对困难不退缩，用实际行动向孩子展示"什么样的人是自尊自信的人"。

3. 鼓励孩子的关键技巧

具体来看，如何有效地鼓励孩子，才能够让孩子切实感受到被尊重和相信，有效帮助他们建立自尊？家长可参考以下亲子互动中的小技巧。

（1）无条件地接受他们

一些家长会在孩子取得好成绩时表达赞扬和肯定，而在孩子犯错误或遇到失败时表现出"嫌弃"，他们认为这样做能够激励孩子不断地努力上进。然而，这会给孩子造成极大的不安全感，让他们认为"只有取得好成绩，爸爸妈妈才会爱我"。这样的家长给孩子的感受是：家长爱的不是完整的他本身，而是他们理想中的孩子。童年缺乏坚定的爱和安全感，会导致终生的自尊心脆弱和情感障碍。事实上，不论孩子当前的表现如何，家长都应该表现出坚定的爱与信任，无条件地接受他们。家长可以从行为上去引导，而不能将亲子感情当作激励孩子的工具。

发现孩子行为背后的秘密

（2）找到与他们的世界连接的方式

鼓励是交流的一种方式。有效鼓励的前提是有效沟通。家长只有深入了解孩子的生活和思想，与他们进行真诚平等的交流，和他们的世界建立连接，才能触碰到他们的内心，对他们进行有效的鼓励。

（3）让他们参与决策

鼓励是对孩子的能力和内在品质表现出的肯定和尊重。而在家庭事务当中，家长充分了解孩子的想法、征求孩子的意见、让孩子参与家庭决策，能够让他们感受到自己的能力得到了肯定，能够与大人站在同一位置去进行决策和处理问题，并承担相应的责任。具体来说，家长可以定期安排家庭小会议，在做出家庭重大决策时，民主地征求包括孩子在内的所有家庭成员的意见，并鼓励孩子积极地表达自己的意见。

（4）询问他们的看法

与让他们参与决策类似，询问孩子对事件的看法，也是对他们的想法和能力表现出尊重与肯定的一种有效途径。例如，在讨论某件事时，家长应尽量避免以说教和命令的语气和孩子交流，或者直接给出自己的结论，而是要常常询问孩子"你认为应该怎么做？""你觉得这样可以吗？"等。

（5）把他们犯错误的时机当作学习的机会

很多家长困惑，要求鼓励式教育的同时，是不是就要舍弃批评和惩罚？那孩子真正犯错误了，需要纠正的时候应该怎么办？其实完全不必有这种忧虑。在孩子犯错误时，家长可以换一种思路：仍然明确指出孩子的错误，但不将交流的重点放在已经产生的错误上，而是放在未来的改正上，引导他们把这次犯的错误当作一次学习的机会，并向孩子表达相信他们下一次一定能够改正，获得进步。

（6）专注于行动而不是行动者

在对孩子进行鼓励时，家长应该关注其行动本身，而不是实施行动的人。例如，孩子在某件事情中表现得很好，家长应该肯定其付出的努力，而不是对其自身进行评价。从归因的角度来说，对行为的鼓励有利于孩子将成功归因为可控的内在因素，如努力程度，从而激发孩子努力向上的动力。而对人本身的评价，如智力和能力等，会使孩子将成就和失败归因为不可控的客观因素，削弱通过努力寻求改变的动力。

（7）专注于他们的优势和资质

每个孩子受先天、后天因素的影响，会存在不同的优势和弱点。家长不应该一味地强调孩子的弱点，急于要求他们改变。这样会让孩子只关注自己的弱点，认为自己是个一无是处的人，否定自我的价值。家长应该做的是引导孩子发挥自己的优势，帮助他们发现自身独有的价值，从而建立自尊和自信。

总的来说，童年期来自家长的有效鼓励是个人自尊心建立的基础，将对人的终身发展产生不可磨灭的影响。进行有效鼓励，首先，家长应表现出自尊自信，以身示范。其次，家长应当将鼓励的对象定为具体的事件、行为、过程，而不是人本身或者事件的结果。最后，在具体实施上，家长应表现出对孩子思想的看重，常常询问孩子对事情的看法，让孩子参与决策，引导孩子发现自身的优势，无条件地接受和支持孩子。在这种鼓励的环境下成长起来的孩子，将拥有富足和坚定的精神世界，拥有独立的决策能力和强大的行动力，在未来的社会生活和人际交往中始终保持自尊自信，从容地面对生活中的每一次困难和挑战。

第三节 防止贴标签

一、什么是标签

"你这孩子聪明倒是聪明，就是不知道努力。""你这个同学一看就是个调皮捣蛋的，最好少跟他接触。"你是不是经常在评价别人的时候，试图给他们下一个明确的定义，把他们归到某一类人当中，贴上一个特别的标签，以此带着这个标签来解释他们的一切行为？贴标签的行为不仅出现在亲子交流中，还是人类社会交往中的一个通病。女司机等于"马路杀手"；带着保温杯来上班，就是"油腻中年"；男生大夏天打伞，被嘲笑"你一个男孩子，怎么好意思"。在信息快速传播的网络时代，一个标签的出现会迅速吸引大量的跟风者，贴标签的行为在生活中也就越发常见。

1. 贴标签是认识事物的便捷方式

从心理学的角度来说，给别人贴标签能够帮助人们"压缩认识成本"，抽象出某类群体的社会化特征，将他们装进自己认知中的某个固定"图式"当中。贴标签是社会学尤其是社会心理学范畴的一个重要概念，通过给予他人一种简化、抽象的评价，进而对他人进行印象管理。这样的认知方式能够帮人们节省时间、精力，迅速地记住并识别某人或某物。设想你刚刚换了新工作，来到一个全新的环境，面对一群大同小异的陌生同事，你是如何快速区分和识别他们的？特别喜欢喝咖啡的那个女孩，穿着很嘻哈的那个年轻小伙子，有点儿秃顶的那个领导……可见，人们总是倾向于用贴标签的认知方式，方便快捷地建立对他人的认知。

2. 贴标签反映刻板印象

贴标签反映的是我们对某个人群的片面的认知，例如，我们认为这个人群具有某些特有的属性，也就是刻板印象。刻板印象指的是人们通过直接接触感受和间接了解信息形成的对某类事物或群体比较固定、概括而笼统的看法。刻板印象在生活中随处可见，常被融入对性别、种族、地区、外表等的讨论。在家庭教育的语境下，我们也倾向于根据孩子一时的表现将他们划分为一些笼统的类型：聪明的、活泼的、内向的、淘气的、木讷的……刻板印象是一种普遍的认知现象，如果结合了消极的观念和态度，也就成为偏见和歧视。

3. 人们倾向给不喜欢的事物贴标签

对于贴标签的对象，人们倾向于选择那些存在自己不喜欢的特质的人。攻击别人可以拉开彼此间的距离，给别人贴标签的同时，暗示"我是对的，你是错的"，从而提升自我优越感。青春期的学生喜欢拉帮结派，而他们拉帮结派的基础可能就是"同时讨厌一个人"。贴标签者可能并不认为自己是对的，但是为了融入群体，会通过贴标签的方式证明我和那个"被讨厌的人"不一样，以提升优越感。

此外，给别人贴标签的习惯可能受到家庭教育的影响。很多习惯性乱贴标签的人，可能小时候也是在长期被贬损的环境中长大的，这让他们觉得贬损别人并不是什么特别大的过错。他们认为自己只是用从家长那里学到的生活方式来对待别人而已，无法意识到自己给别人贴标签是一种语言暴力。喜欢乱贴标签的人，可能自己本身就不自信，他们害怕被别人攻击，所以提前攻击别人。

因此，贴标签是一种不良行为。在亲子交流中给孩子贴标签，会给孩子的心理和性格养成造成难以挽回的影响。

二、贴标签的影响

在亲子交流中，家长给孩子贴上的标签可能是正面的，也可能是负面的。负面的标签即批评，而正面的标签看似是表扬，实际上使用不当也会产生消极影响。

1. 破坏亲子关系

负面的标签即对孩子的批评，有的甚至会上升到人格侮辱和人身攻击的层面。例如，家长看到孩子房间比较脏乱时，对孩子说："你怎么这么懒惰!"孩子在亲戚面前不会表达时，对孩子说："你情商太低了。"这样明显的负面标签可以说是言语虐待，很容易伤害孩子的感受，甚至引发怨恨，让他们认为家长不尊重自己。人们很难听从一个不尊重自己的人，孩子亦是如此。

2. 摧毁自信心

当一个孩子被贴上"不够聪明"的标签，家长常常在孩子耳边提起，把这当作刺激孩子上进的一种方式，久而久之，孩子的自信心会被摧毁，认为自己不论怎么努力，都无法成为一个"聪明"的孩子，反而消极懈怠、放弃努力。

3. 心理暗示

贴标签是一种极强的心理暗示，会让对方逐渐认同他人所贴的标签，并活成标签中的样子。对于此，已有研究进行了验证。

案例　罗森塔尔效应

1968 年的一天，美国心理学家罗森塔尔和 L. 雅各布森前往一所小学开展实验研究。他们从一至六年级各选了 3 个班，对班上的学生进行"未来发展趋势测验"。实验结束后，罗森塔尔给老师提供了一份"最有发展前途者"名单，表明名单上的学生发展潜力最佳并要求保密。实际上，名单上的学生是随机挑选的。8 个月后，罗森塔尔和助手们回到学校重新测试，获得了意想不到的结果：名单上的学生在各方面都取得了较好发展，学业进步，性格开朗，好奇心强，效能感高，更乐于与人交往互动。这就是著名的罗森塔尔效应，也称"皮格马利翁效应""人际期望效应"。这警示着：他人的看法会把我们塑造成他们"想象"中的样子。

上述案例中，研究人员的"最有发展前途者"名单无疑给部分学生贴上了标签。教师收到这种暗示后，认为这部分学生更有可能取得突出成就，并在此认知的引导下表现出积极的教学互动行为，将期望传递给这部分学生，学生则给教师以积极的反馈。这种反馈又会激发教师更高的教学积极性，维持其原有期望，并在教学中额外关注这些学生。长此以往，这些名单上的学生在学业成绩、行为发展、社会互动等方面都向教师的预期逐渐靠近，使期望成为现实。换句话说，当孩子被贴上积极的标签，便会迅速地朝着积极的方向发展。可见标签对孩子心理暗示作用的显著性。

以此类推，罗森塔尔效应在消极的一面同样是有效果的。例如，你觉得你的新鞋子很好看，穿着它去上班，但同事们全都评价不高。你也开始怀疑自己的审美和眼光，最终被大家的看法说服，觉得这双鞋子确实缺点很多，决定回去后就换下来，再也不穿到单位了。总而言之，这种效应其实是一种心理暗示。

无论正面或负面标签，都会给人强烈的心理暗示，使人们不断接近标签描述的样子。适当的正面标签可能会让孩子朝着积极的方向发展，但有的标签可能会对孩子要求太高，难以实现，无形中给孩子增加压力，导致他们害怕失败。例如，家长常常对孩子说："你太聪明了！"那么孩子内心就会认为：爸爸妈妈对我的期望很高，我是一个值得他们骄傲的孩子，因此我绝不能落后，不能失败。在这种心理状态下，一旦遇到较大的挫折，孩子很容易自我认知崩塌。如果家长给孩子贴的标签难以真正实现，也容易给孩子带来挫败感。因此，不论是正面还是负面的，家长都要对孩子慎用有贴标签倾向的语言。

三、如何防止贴标签

在日常的亲子交流中，不论是想激励孩子上进，还是想纠正孩子的不良行为，家长总会对孩子做出各种各样的评价，也就无意中给孩子贴上了标签。那么家长如何在日常交流中避免给孩子贴标签呢？一个基本的原则是：把"行为"和"行为的人"分开，即家长可以对孩子的行为做出描述和点评，但要尽量避免把行为和孩子个人的性格、能力、特质等联系起来。在具体实施时，家长可参考如下几点建议。

1. 用具体的感谢和鼓励强化良好行为

家长应该把关注的重点放在孩子的良好行为上，对孩子的良好行为给出正面反馈，以达到强化的作用。这种反馈应该是具体的、真实的，切忌笼统虚无地评价。例如，孩子吃完饭主动收拾碗筷，家长可以对他表达感谢："今天妈妈工作比较累，谢谢你体贴妈妈，帮忙洗碗。"这样的反馈使孩子认识到自身行为的正确性和作用，自然会在下一次遇到类似情况时延续这种良好行为。

2. 给出具体的问题描述，引导孩子思考改变

比起不知所云的评价和标签，孩子更愿意倾听对具体事件的描述。人们总是倾向于从自己的认识水平和角度去预测他人的想法，而孩子的思维方式和日常关注的事情跟成年人都是截然不同的。很多时候，家长在批评孩子时，孩子并不能从家长笼统概括的评价中揣测出自己因为什么而被批评。所以有的孩子会说："爸爸、妈妈就像一个没有引线的炸弹，你永远不知道他们什么时候就被引爆了。"如果家长在孩子出现问题时，能够给出对问题的具体描述，并阐明这种问题的不良后果，会更容易让孩子接受，并主动思考改变。

3. 描述行为时提供做出改变的帮助和建议

面对孩子的不良行为，家长不能对孩子的人格进行否定，但可以对孩子的行为进行描述。描述不良行为的同时，家长需要给孩子提供改变不良行为的帮助和建议。例如，相比于批评孩子说"你好懒"，家长可以选择对具体的行为进行描述，如"你房间的衣服看起来有些乱"，并提供对应的改变建议："你可以在看完这集电视剧之后，去把衣服叠起来，放到衣柜里。"这样的描述具有可操作性，也更容易让孩子愉悦地接受，对孩子长远的进步有促进作用。

4. 描述行为时适当表达期望

人们常说，"对事不对人""就事论事"。描述具体行为时，家长可以同时表达对孩子未来改进的期望，表达的态度是"我爱你，相信你能够做好""你在这件事情上有一点儿小小的问题，只要及时改正过来，你会变得更加优秀"。这样的描述不会损害孩子的自尊，因为被评价的对象是某个行为，而不是人本身。为了应对这种评价，孩子只需要改变这种行为，而且能够得到具体可行的改善的办法支持，而不是否定自己的价值，给自己下不好的定义。

思考一下：

如何转换"描述行为"和"贴标签"？

＞事件一：当我让我女儿把脏衣服拿出来洗时，她会说："你真是烦死了！"

标签：你好没礼貌！

行为描述：＿＿＿＿＿＿＿＿＿＿＿＿＿＿＿＿＿＿＿＿

＞事件二：带儿子去公园玩，他随手将香蕉皮扔在了地上。

标签：＿＿＿＿＿＿＿＿＿＿＿＿＿＿＿＿＿＿＿＿

发现孩子行为背后的秘密

行为描述：乱扔垃圾是不对的、不卫生，而且别人路过可能会滑倒。我相信下次你能把垃圾扔进垃圾桶。

四、教会孩子避免被贴标签

在孩子的成长过程中，其交流和接触的对象远远不只是家人，还会遇到很多同学、朋友、教师等。这些人也很可能在无意中给孩子贴上标签，影响他们的自我认知。甚至有时孩子自己也会给自己贴上标签。因此，家长有必要引导孩子，与"贴标签"对抗，警惕其不良影响。

1. 引导孩子不给自己贴标签

除了别人强加的标签，很多孩子会主动给自己贴标签，如觉得自己是"拖延的人""聪明人""有原则的人"等。一旦孩子给自己贴了这些标签，某些行为和想法就会按这个标签所示的方向去发展。例如，孩子认为自己是个聪明人，那么遇到问题时，就会刻意用更快或更新颖的方式来解决问题，以此来证明自己是个聪明人。跟别人赋予的标签一样，自己贴上的负面标签会使自己丧失信心、怀疑价值，而正面标签会给自己增加压力。因此，家长需要找到无须贴标签就可以谈论自我、与自我对话的方式，这样能给孩子支持和鼓励。例如，在和别人介绍自己时，少说"我是一个……的人"，多说"我以前做过……""我最近准备……"。

2. 引导孩子拒绝别人强加的标签

孩子在日常的社会交往中，不可避免会遇到一些给他们贴标签的人。这些人不一定有明显的恶意，但却在潜移默化中对孩子的成长造成影响。所以，在家庭教育中，家长可以帮助孩子"不被他人牵着鼻子走"，努力与标签的负面影响对抗。

（1）自我坚定

要想不被他人的评价影响，要有一个清晰的自我认知，坚定地相信自己的内在价值。家长要让孩子明确的是，没有人比自己更了解自己，所有人都只能看到一个人的一部分，而一个人的潜力是无限大的，没有任何人可以用标签来定义一个人；没有人可以任意指责一个人，哪怕是那个人的亲人和师长。

（2）友善沟通

家长要告诉孩子，如果别人对我们贴标签的行为已经出现，他们可能带有恶意，也可能是无心的行为，我们应该友善地与他们进行沟通。例如：在有人贬损你时，首先，你可以对他们的评价表示理解："我知道你可能是为了我好，对我的做法不太满意。"其次，你要向他们表明自己的立场："但你的指责让我感到很受伤。"最后，你要提出改变的建议："我希望你可以详细谈谈你的看法，给我一些明确的建议。"

（3）适当反击或远离

家长要告诉孩子，当友善的沟通没有起到作用，对方的行为甚至越发恶劣时，我们也不必一味地被动接受，可以进行适当的反击，例如，你可以当面指出对方的不当行为，要求他们立即停止伤害。适当的反击可以保护自己的心理边界，让对方意识到自己越界了，并及时撤离。如果以上做法都不能很好地解决问题，我们也可以选择离开。

总的来说，贴标签的确容易对孩子造成心理暗示，让他们在无意识的状态下去贴合标签描述的样子。负面的标签可能会损害孩子的信心，而正面的标签也可能给孩子制造压力。避免给孩子贴标签的基本原则是把关注的对象从"行为的人"转换到"行为本身"。同时，家长应该有意引导孩子不给自己贴标签，同时不被他人贴上的标签所影响。

他人的标签和评价会对个人的自我认知和行为产生影响，当一个人不断被他人告知自己是什么样的人，这种信息会逐渐内化为自我认知，进而影响个体的行为和态度。我们应该谨慎对待他人的评价，让孩子不要轻易给自己或他人贴上标签。同时，我们也应该鼓励孩子以积极、建设性的方式评价自己，以促进个人成长和发展。

参考文献

[1](奥)阿德勒.自卑与超越[M].王晋华,译.沈阳:万卷出版有限责任公司,2022.

[2](美)埃萨(Essa,E.).幼儿问题行为的识别与应对:教师篇,第6版[M].王玲艳,张凤,刘昊,译.北京:中国轻工业出版社,2011.

[3]车文博.人本主义心理学[M].杭州:浙江教育出版社,2003.

[4]陈琦,刘儒德.当代教育心理学[M].3版.北京:北京师范大学出版社,2019.

[5]池丽萍,陈甜甜.幼儿问题行为发展特点研究[J].中华女子学院学报,2004,16(4),66-68.

[6]池丽萍,辛自强.小学儿童问题行为、同伴关系与孤独感的特点及其关系[J].心理科学,2003,26(5):790-794.

[7](美)弗兰克·戈布尔.第三思潮——马斯洛心理学[M].吕明,陈红雯,译.上海:上海译文出版社,1987.

[8](美)哈米尔,(美)埃弗林顿.中重度障碍学生的教学[M].昝飞,译.上海:华东师范大学出版社,2005.

[9](美)霍瑟萨尔(Hothersall,H.),郭本禹.心理学史(第4版)[M].郭本禹,等,译.北京:人民邮电出版社,2011.

[10](荷)J.胡伊青加.人:游戏者[M].成穷,译.贵阳:贵州人民出版社,2007.

[11]李伯黍,等主编.教育心理学[M].2版.上海:华东师范大学出版社,2000.

[12]李莹,彭秀芳.课堂问题行为研究述评[J].中小学管理,2005(10):33-36.

[13]刘春雷.青少年心理咨询与辅导[M].2版.北京:清华大学出版社,2020.

[14]刘将.个体心理学的思想谱系与理论建构[D].长春:吉林大学,2012.

[15]刘小先.小学生问题行为研究综述[J].现代教育科学,2007(6):30-32.

[16](美)鲁道夫·德雷克斯,(美)薇姬·索尔兹.孩子:挑战[M].甄颖,译.成都:天地出版社,2020.

[17](美)鲁道夫·德雷克斯.父母:挑战[M].花莹莹,译.北京:生活书店出版有限

发现孩子行为背后的秘密

公司，2017.

[18](英)洛克(Locke，J.).人类理解论：英汉对照[M].谭善明，徐文秀，编译.西安：陕西人民出版社，2007.

[19]任静.萨提亚家庭治疗模式介入亲子冲突家庭的实务研究[D].武汉：华中师范大学，2016.

[20]王素华，陈杰，李新影.交往不良同伴对青少年自身问题行为的影响：性别和年龄的调节作用[J].中国临床心理学杂志，2013，21(2)，281-284.

[21]吴杰.追寻生活的意义——个体心理学及其发展研究[D].南京：南京师范大学，2015.

[22]武文佼，张鹏.自闭症谱系障碍的生物基础[J].心理科学进展，2016，24(5)：739-752.

[23]肖君凤.积极行为支持对自闭症刻板行为的干预研究[D].重庆：重庆师范大学，2015.

[24]徐宝芹.中职生课堂问题行为现状分析与应对策略[D].苏州：苏州大学，2010.

[25]许政援，等.儿童发展心理学[M].长春：吉林教育出版社，2002.

[26]杨茜.积极心理学视角下小学生的问题行为转换策略[D].湘潭：湖南科技大学，2017.

[27]杨芸.阿德勒的家庭教育观及当代价值[D].长沙：湖南师范大学，2015.

[28]袁贵礼.自我情绪控制的方法[J].中国青年研究，2003(8)：53-56.

[29]昝飞编著.积极行为支持：基于功能评估的问题行为干预[M].北京：中国轻工业出版社，2013.

[30]张美峰.初中生问题行为教育干预研究[D].重庆：西南师范大学，2003.

[31]赵敏，李莉.青少年问题行为的研究综述[J].新西部，2010(18)：197-198.

[32]朱楠，张英.基于功能性行为评估的智力障碍儿童课堂问题行为的个案研究[J].中国特殊教育，2014(10)：20-27.

[33]Abuhamdeh S.，Csikszentmihalyi，M.，Jalal，B..Enjoying the possibility of defeat：outcome uncertainty，suspense，and intrinsic motivation[J].Motivation and

Emotion, 2015, 39 (1) : 1-10.

[34]Baumrind, D.. Current patterns of parental authority[J]. Developmental Psychol-
ogy, 1971(4): 1-2.

[35]Betty Lou Bettner, Amy Lew. A parent's guide to understanding and motivating
children[M]. Newton: Connexions Press, 1996.

[36]Brackett, M. A., Bailey, C. S., Hoffmann, J. D., et al.. RULER: a theory-driv-
en, systemic approach to social, emotional, and academic learning[J]. Educational
Psychologist, 2019, 54 (3): 144-161.

[37] Bronfenbrenner, U., Ceci, S. J.. Nature-nurture reconceptualized in developmental
perspective: a bioecological model[J]. Psychological Review, 1994, 101 (4):
568-586.

[38]Brunsdon, V. E. A., Colvert, E., Ames, C., et al.. Exploring the cognitive fea-
tures in children with autism spectrum disorder, their co-twins, and typically develo-
ping children within a population-based sample[J]. Journal of Child Psychology and
Psychiatry, 2015, 56 (8): 893-902.

[39]Caldwell, L. L., Darling, N.. Leisure context, parental control, and resistance to
peer pressure as predictors of adolescent partying and substance use: an ecological
perspective[J]. Journal of Leisure Research, 1999, 31 (1): 57-77.

[40]CDC Prevention Epicenter Program: Fritzen-Pedicini, C., Bleasdale, S. C., Bros-
seau, L. M., et al.. Utilizing the focused conversation method in qualitative public
health research: a team-based approach[J]. BMC Health Services Research, 2019,
19(1): 1-7.

[41]Chandler, L. K., Dahlquist, C. M.. Functional assessment: strategies to prevent
and remediate challenging behavior in school settings[M]. Upper Saddle River:
Merrill Prentice Hall, 2002.

[42]Chandler, L. K., Dahlquist, C. M., Repp, A. C., et al.. The effects of team-
based functional assessment on the behavior of students in classroom settings[J].

Exceptional Children，1999，66 (1)：101-121.

［43］Conyers, C. , Miltenberger, R. G. , Maki, A. , et al. . A comparison of response cost and differential reinforcement of other behavior to reduce disruptive behavior in a preschool classroom［J］. Journal of Applied Behaviour Analysis, 2004, 37 (3)：411-415.

［44］Corsini, Raymond J.. Current personality theories［M］. Itasca：F. E. Peacock Publishers，1977.

［45］Darling, N. , Steinberg, L.. Parenting style as context：an integrative model［J］. Psychological Bulletin，1993，113 (3)：487-496.

［46］Donker, A. G. , Smeenk, W. H. , van der Laan, P. H. , et al. . Individual stability of antisocial behavior from childhood to adulthood：testing the stability postulate of Moffitt's developmental theory［J］. Criminology，2003，41(3)：593-609.

［47］Duncombe, M. E. , Havighurst, S. S. , Holland, K. A. , et al. . The contribution of parenting practices and parent emotion factors in children at risk for disruptive behavior disorders［J］. Child Psychiatry and Human Development，2012，43 (5)：715-733.

［48］Dunlap, G. , Kern, L.. Assessment and intervention for children within the instructional curriculum［M］//Reichle, J. . Communicative alternatives to challenging behavior：integrating functional assessment and intervention strategies. New York：Paul H. Brookes Publishing Co. , 1993：177-203.

［49］Durand, V. M. , Crimmins, D. B.. Assessment and treatment of psychotic speech in an autistic child［J］. Journal of Autism and Developmental Disorders，1987，17 (1)：17-28.

［50］Iwata, B. A. , Kahag, S. W. , Wallace, M. D. , et al. . The functional analysis model of behavioral assessment［M］. Behavioral Modification，2012.

［51］Lazarus, R. S. Thoughts on the relations between emotion and cognition［J］. American Psychologist，1982，37(9)：1019-1024.

参考文献

[52]Litovsky, V. G. , Dusek, J. B. . Perceptions of child rearing and self-concept devel-
opment during the early adolescent years[J]. Journal of Youth and Adolescence,
1985, 14 (5): 373-387.

[53]Lynch, J. , McCay, E. , Aiello, A. , et al. . Engaging street-involved youth using
an evidence-based intervention: a preliminary report of findings[J]. Journal of Child
and Adolescent Psychiatric Nursing, 2017, 30 (2): 98-104.

[54]Martin, J. A. , King, D. R. , Maccoby, E. E. , et al. . Secular trends and individual
differences in toilet-training progress[J]. Journal of Pediatric Psychology, 1984, 9
(4): 457-467.

[55]Maslow, A. H. . Eligions, values, and peak experiences[M]. New York: Penguin,
2014.

[56]Maslow, A. H. . Motivation and personality[M]. New York: Harper & Row,
1987.

[57]Masud, H. , Ahmad, M. S. , Cho, K. W. , et al. . Parenting styles and aggression
among young adolescents: a systematic review of literature[J]. Community Mental
Health Journal, 2019, 55 (6): 1015-1030.

[58]Moore, T. R. , Gilles, E. , Mccomas, J. J. , et al. . Functional analysis and treat-
ment of self-injurious behavior in a young child with traumatic brain injury[J]. Brain
Injury, 2010, 24 (12): 1511-1518.

[59]Morris, A. S. , Silk, J. S. , Steinberg, L. , et al. . The role of the family context in
the development of emotion regulation[J]. Social Development, 2007, 16 (2): 361-
388.

[60]Paulussen-Hoogeboom, M. C. , Stams, G. J. , Hermanns, J. M. , et al. . Parenting
style as a mediator between children's negative emotionality and problematic behavior
in early childhood [J]. The Journal of Genetic Psychology, 2008, 169 (3):
209-226.

[61]Pennypacker, K. R. , Dreyer D. , Hong J. S. , et al. . Elevated basal AP-1 DNA-

binding activity in developing rat brain[J]. Molecular Brain Research, 1993, 19 (4): 349-352.

[62]Perkins, H. A., Brophy-Herb, H. E., Hyunjin-Choi, H., et al.. Sex differences in toddlers' negative attributions to challenges: associations with maternal emotion coaching and emotional awareness [J]. Social Development, 2022, 31 (3): 749-764.

[63]Raby, K. L., Roisman, G. I., Booth-LaForce, C.. Genetic moderation of stability in attachment security from early childhood to age 18 years: a replication study[J]. Developmental Psychology, 2015, 51 (11): 1645-1649.

[64]Reichle Joe, David P. (Ed) Wacker.. Communication alternatives to challenging behavior: integrating functional assessment and intervention strategies[M]. Baltimore, MD: Paul H. Brookes Publishing Co, 1993.

[65]Schwartz, S. J., Klimstra, T. A., Luyckx, K., et al.. Daily dynamics of personal identity and self-concept clarity[J]. European Journal of Personality, 2011, 25 (5): 373-385.

[66]Skinner, B. F.. The behavior of organisms: an experimental analysis[M]. New York: Appleton Century, 1938.

[67]Steinberg, L.. We know some things: parent-adolescent relationships in retrospect and prospect[J]. Journal of Research on Adolescence, 2001, 11 (1): 1-19.

[68]Stewart, C. M., Michaud, L., Whiting, K., et al.. Phase I/Ib study of the efficacy and safety of buparlisib and ibrutinib therapy in MCL, FL, and DLBCL with serial cell-free DNA monitoring[J]. Clinical Cancer Research, 2022, 28 (1): 45-56.

[69]Sugai, G., Horner, R. H., Dunlap, G., et al.. Applying positive behavior support and functional behavioral assessment in schools[J]. Journal of Positive Behavior Interventions, 2000, 2(3): 131-143.

[70]Sundel, M., Sundel S. S.. Behavior change in the human services: behavioral and cognitive principles and applications[M]. Thousand Oaks, C A: Sage Publications,

2005.

[71]Umbreit, J. , Ferro, J. , Liaupsin, C. , et al.. Functional behavioral assessment and function-based intervention: an effective, practical approach[M]. New York: Pearson, 2006.

[72]Chen, Y. R. , Cordier, R. , Brown, N.. A preliminary study on the reliability and validity of using experience sampling method in children with autism spectrum disorders[J]. Developmental Neurorehabilitation, 2015, 18 (6): 383-389.

[73]Zentall, S. S. , Zenall, T. R.. Optimal stimulation: a model of disordered activity and performance in normal and deviant children[J]. Psychological Bulletin, 1983, 94 (3): 446-471.

[74]Zivin, K. , Eisenberg, D. , Gollust SE, et al.. Persistence of mental health problems and needs in a college student population[J]. Journal of Affective Disorders, 2009, 117 (3): 180-185.